GÜTERSLOHER
VERLAGSHAUS

Gütersloher Verlagshaus. Dem Leben vertrauen

Ina Praetorius

Handeln aus der Fülle

Postpatriarchale Ethik in biblischer Tradition

Gütersloher Verlagshaus

Bibliografische Information Der Deutschen Nationalbibliothek

Die Deutsche Nationalbibliothek verzeichnet diese Publikation in der Deutschen Nationalbibliografie; detaillierte bibliografische Daten sind im Internet über http://dnb.d-nb.de abrufbar.

Unveränderter Nachdruck der 1. Auflage 2005

Umschlaggestaltung: Init GmbH, Bielefeld, unter Verwendung des Bildes »Blumenmythos« (1918) von Paul Klee, Aquarell auf Kreidegrundierung auf Gaze auf Zeitungspapier auf Silberbronzepapier auf Karton (29 x 15,8 cm), Sprengel Museum Hannover, © VG BILD-KUNST, Bonn 2005; Bildvorlage: akg-images
Satz: Druckerei Sommer, Feuchtwangen
Druck und Einband: Books on Demand GmbH, Norderstedt
Printed in Germany

ISBN 978-3-579-05216-8

www.gtvh.de

Inhalt

Vorwort

Dieses Buch ist mindestens so sehr erlegen, erschwiegen und erwartet wie erdacht und erarbeitet. Womöglich wird es meinen Leserinnen und Lesern schwer fallen, in ihrem Bücherschrank den richtigen Platz dafür zu finden. Es kann wohl sein, dass es in der Zeit des ausgehenden Patriarchats, zu Beginn des dritten Jahrtausends nach der Geburt des Jesus von Nazaret notwendig ist, auch das Bücherregal neu zu ordnen.

Ein gewisses Maß an Neugier und Leidenschaft vorausgesetzt lässt sich dieses Buch, wie jeder gute Krimi, an einem Tag in einem Zuge lesen. Wer den Text erforschen und erfühlen will, vielleicht zusammen mit anderen, wird allerdings mehr Zeit brauchen. Denn auch Lesen bedeutet im ausgehenden Patriarchat mehr als die herkömmliche Kopfarbeit.

Einleitung

Es ist Zeit, neu über das gute Zusammenleben der Menschen nachzudenken. Der griechische Philosoph Aristoteles hat das Nachdenken über gutes Zusammenleben »Ethik« genannt. Ich schreibe also ein Buch über Ethik.

Ein Buch über Ethik zu schreiben bedeutet, in einer relativ geschlossenen Form etwas Sinnvolles darüber auszusagen, wie wir Menschen so da sein und handeln können, dass unser Zusammenleben gelingt: dieses Zusammenleben auf dem einzigartigen Planeten Erde, den heute mehr als sechs Milliarden Menschen in immer neuen Generationen zusammen mit unzähligen anderen Lebewesen bewohnen.

Schon viele Menschen haben sich im Lauf der Jahrhunderte mehr oder weniger systematisch über die ethische Kernfrage nach dem gelingenden Zusammenleben Gedanken gemacht. In unterschiedlichen historischen Zusammenhängen wurde die Frage immer wieder anders formuliert: Vor der Aufklärung ging es in Europa im Wesentlichen um Versuche, Gottes Gebote oder die Ordnung der Natur richtig zu verstehen. Im ausgehenden achtzehnten Jahrhundert hat sich dann vor allem Immanuel Kant mit der Frage befasst, wie Männer als vernünftige Wesen sich in einer Welt zurechtfinden können, die nicht mehr von einer Obrigkeit autoritär geregelt wird.[1] Zweihundert Jahre später beschäftigt den Amerikaner John Rawls das Problem der Gestaltung einer liberalen Gesellschaft: Wie können Männer sich auf moralische Prinzipien einigen, auch wenn sie ansonsten in fast jeder Hinsicht unterschiedlicher Meinung sind?[2] Bis heute kreist

1. Vgl. v.a. Immanuel Kant, Grundlegung zur Metaphysik der Sitten (1785) und Kritik der praktischer Vernunft (1788).
2. Vgl. John Rawls, Eine Theorie der Gerechtigkeit (1971). Vgl. dazu Christine M. Koorsgaard in: Herlinde Pauer-Studer Hg. 2000, 39 f. Sowohl Kant als auch Rawls sprechen in ihren Texten von

ein großer Teil der akademischen Ethik des Westens um diese Frage nach einer Regelung des Zusammenlebens durch vernünftige Prinzipien. Gleichzeitig stellen postmoderne Denkerinnen und Denker die Frage, ob es sich bei der Idee einer einzigen objektiven Vernunft tatsächlich um eine Errungenschaft und nicht vielmehr um eine Neufassung des Dogmas vom Einen göttlichen Gesetzgeber handelt.[3] Durch diese Frage ist eine neue denkerische Offenheit und Bescheidenheit entstanden.

Ich meine, dass in dieser geistigen Atmosphäre die Suche nach einer guten Auslegung überlieferter Weisungen, theologisch gesprochen: göttlicher Gebote, neue Qualität gewinnen kann: Könnten wir jenseits des feudalen Anspruchs der mittelalterlichen Kirche, die Welt nach dem Einen Wahren Willen des Einen Wahren Herrgotts einheitlich zu organisieren, auf alte heilige Texte zurück kommen? Könnten wir sie, wenn sich der gesetzgebende Eine Herrgott ebenso als Illusion erweist wie die Eine gesetzgebende Vernunft, neu verstehen als Vermächtnis unserer Vorfahrinnen und Vorfahren, die uns den Weg zu moralischer Weisheit in dieser komplexen Gegenwart weisen wollen? Könnten wir Gott selbst kennen lernen als Inbegriff all dessen, das uns voraus und das zwischen uns liegt, das wir nicht uns selbst verdanken und von dem wir hoffen, dass es, jenseits von Überschaubarkeit, einen Sinn ergibt[4] – und das weiter und größer ist als all dies?

»Menschen« bzw. von »dem Menschen« im Singular. Zahlreiche Untersuchungen haben aber inzwischen ergeben, dass damit nur oder in erster Linie erwachsene weiße Männer gemeint sind, vgl. Heidemarie Bennent 1985, Silvia Bovenschen 1980, Mary Daly 1986, Luce Irigaray 1980, Ursula Pia Jauch 1988, Susan Moller-Okin 1979, Luisa Muraro 1993, Ina Praetorius 1994 u.a. Vgl. auch Kapitel 4 dieses Buches.

3. Vgl. z.B. Zygmunt Bauman 1995.
4. Vgl. zu diesem Gedanken Andrea Günter 2000, 57-78. Günter schließt hier an Hannah Arendt an und schreibt von der »... Herausforderung, die Macht in Beziehung, die wir bislang für gött-

Das Ende des Patriarchats als Signum der Gegenwart

Die Frage, wie wir Menschen gut zusammen leben können, wird sich niemals endgültig beantworten lassen. Sie muss in jeder unverwechselbaren Gegenwart neu verhandelt werden. Ich denke heute, zu Beginn des dritten Jahrtausends nach der Geburt Jesu Christi, über das Zusammenleben der Menschen nach. Diese Zeit mit all ihren Verwerfungen, Brüchen, Globalisierungsbewegungen und enormen Freiheitsspielräumen ist davon geprägt, dass die Jahrhunderte alte Ordnung des Patriarchats zu Ende geht. Bestimmte kulturelle Übereinkünfte, die lange Zeit mehr oder weniger unbestritten gegolten haben, lösen sich auf: zum Beispiel der Glaube, es sei gut, wenn vor allem männliche Menschen über die Gestaltung der Welt nachdenken und entscheiden.[5]

Das Ende der Zweiteilung der Welt in höhere wichtige »männliche« und niedere triviale »weibliche« Sphären[6] hat erhebliche Irritationen zur Folge: Dass Frauen und andere an den Rand der vergehenden Ordnung gedrängte Angehörige der menschlichen Gattung ihre Freiheit entdeckt haben und folglich nicht mehr bereit sind, im Sinne der Weltdeutungen und Interessen anderer bestimmte festgelegte Funktionen zu erfüllen, lässt viele reale und symbolische Sicherheiten zerbrechen, an die die meisten sich gewöhnt haben.[7]

lich gehalten haben, als weltliche verstehen zu lernen.« Vgl. auch Andrea Günter/Ina Praetorius 1999.

5. Vgl. Libreria delle donne di Milano 1996, Ina Praetorius 2000, Michaela Moser/Ina Praetorius Hg. 2003.
6. Vgl. Kap. 4.
7. Vgl. dazu Luce Irigaray (1991, 11): »Die sexuelle Differenz stellt eine der Fragen oder die Frage dar, die in unserer Epoche zu denken ist. Jede Epoche hat – Heidegger zufolge – eine Sache zu ›bedenken‹. Nur eine. Die sexuelle Differenz ist wahrscheinlich diejenige unserer Zeit. Diejenige, die uns, wäre sie gedacht, die ›Rettung‹ bringen würde?«

Mir geht es in diesem Buch nicht darum, solche Verunsicherung zu beklagen oder gar durch Rückkehr ins Althergebrachte beheben zu wollen. Es ist aber auch nicht mein Anliegen, die Irritation durch einen weiteren Abbau moralischer Gewissheiten zu verstärken und so dem verbreiteten Zynismus Nahrung zu geben. Vielmehr will ich das Ende der alten Ordnung als Chance für einen Anfang im Denken und Handeln begreifen. Ich werde Fragen, die lange als hinreichend geklärt galten, noch einmal von vorne stellen, zum Beispiel diese: Was bedeutet »Freiheit«, wenn mehr als das möglichst unabhängige Machen- und Wählenkönnen angesichts einer Vielfalt von Optionen gemeint ist? Was wird aus »Gerechtigkeit«, wenn nicht mehr die Prozedur des Berechnens gleicher Anteile für gleichberechtigte Menschen im Zentrum des Interesses steht? Was ist eigentlich ein »Recht« und wie wirkt es? Wie gestaltet sich das Verhältnis zwischen dem Wirtschaftlichen und dem Sozialen in einer Welt, in der kein »schwaches Geschlecht« mehr stillschweigend die Aufräumarbeiten erledigt? Wie verändert sich das Verständnis und das Verhältnis von Politik, privater Lebensführung, Religion, Diakonie, Kunst usw., wenn androzentrische[8] Vorstellungen von geordneten gesellschaftlichen Zuständen ihre Gültigkeit verlieren?

Vor allem aber werde ich gutes Handeln denkerisch wieder dort verankern, wo es tatsächlich anfängt: in der natürlichen, sozialen und kulturellen Fülle, die allen Menschen schon geschenkt ist, bevor sie selbst zu handeln beginnen. Ein wesentliches Problem der patriarchalen Weltsicht liegt darin, dass sie dazu tendiert, dieses Erste, die Herkünftigkeit der handelnden Menschen zu vergessen und durch zweitrangige Vorstellungen vom Ursprung des Guten, zum Beispiel »Gesetz« oder »Ver-

8. »Androzentrisch« heißt mann-zentriert und bezeichnet die Konstruktion der Wirklichkeit, die das sozio-kulturelle System des Patriarchats legitimiert und stützt. Vgl. Kap. 4 dieses Buches. Vgl. auch Art. »Androzentrismus« im WFTh 1991 und 2002 und Elisabeth Schüssler Fiorenza 1988a, Teil I.

nunft« oder »Geld« zu ersetzen. Ein Anliegen dieses Buches ist es, solche Verwechslungen zur Sprache zu bringen und durch eine realistischere Sicht menschlichen Handelns abzulösen.

Persönlich-politische Anreise

Was ich bisher im Rahmen der Feministisch-theologischen Bewegung geschrieben und veröffentlicht habe, weist mit einer gewissen Logik auf dieses neue Projekt:

Im Jahr 1993 habe ich ein erstes Buch publiziert, in dem es um eine Grundlagenkritik des androzentrischen Denkens ging.[9] Für die kritische Aufarbeitung der damals noch allgegenwärtigen Verwechslung der Begriffe »Mann« und »Mensch« habe ich einen mir vertrauten Ausschnitt aus der europäischen Tradition gewählt: nach 1949 verfasste Lehrbücher der deutschsprachigen protestantisch-theologischen Ethik. Diese Untersuchung wurde zum Ausgangspunkt für zahlreiche Experimente, das Nachdenken über gelingendes Zusammenleben jenseits veralteter Gewohnheiten neu zu ordnen: In den neunziger Jahren und zu Beginn des neuen Jahrhunderts habe ich viele Vorträge gehalten und kleinere Texte geschrieben, die solche Ansätze enthalten und die an verschiedenen Orten publiziert wurden. Einige dieser Texte sind in drei Essaybänden zusammengefasst: »Skizzen zur Feministischen Ethik« (1995), »Zum Ende des Patriarchats. Theologisch-politische Texte im Übergang« (2000) und »Die Welt: Ein Haushalt. Texte zur theologisch-politischen Neuorientierung« (2002).[10]

In meinem publizistischen Weg spiegelt sich eine Entwicklung, die die Frauenbewegung und mit ihr die Gesellschaft, zu-

9. Ina Praetorius 1994.
10. Ina Praetorius 1995, 2000, 2002.

mindest in Westeuropa, vollzogen hat: Während viele Frauen hierzulande in den siebziger und achtziger Jahren des vergangenen Jahrhunderts um die bloße Präsenz in der Öffentlichkeit kämpften, sind sie heute überall anzutreffen: auf Lehrstühlen und in Privathaushalten, in Fernsehstudios und Chefetagen, auf Baustellen und in Parlamenten. Zwar sind sie an den meisten Orten, wo sie laut der vergehenden Ordnung nicht hin gehören, nach wie vor in der Minderheit, aber sie lösen keine Skandale mehr aus. Die relativ selbstverständliche Präsenz von Frauen und Männern in allen gesellschaftlichen Bereichen ist ein Indiz unter vielen dafür, dass die Zweiteilung der Welt in männlich besetzte öffentliche Räume und weiblich besetzte Intimsphären sich auflöst. Das Prinzip »Gleichstellung«, das lange einen großen Teil frauenbewegter Energie auf sich gezogen hat, erübrigt sich damit zwar noch nicht, rückt aber an den Rand der politischen Agenda. Der militant parteiische, stark auf die Idee eines einheitlichen Fraueninteresses konzentrierte Feminismus ist in den neunziger Jahren des vergangenen Jahrhunderts folgerichtig abgelöst worden durch die Geschlechterforschung:[11] Viele Frauen und einige Männer formulierten den Anspruch, dass die Geschlechterfrage kein isoliertes gesellschaftspolitisches Thema mehr sein soll. Von ihr soll überall die Rede sein, wo wichtige Themen verhandelt werden, gleichzeitig muss die Kategorie »Geschlecht« als interessengeleitete Konstruktion begriffen und in Frage gestellt werden. Forscherinnen und Forscher begannen, auch abseits unmittelbarer politischer Verwertbarkeit genau zu untersuchen, wie Ideen von der Beschaffenheit der Geschlechter und anderer Differenzen in einzelnen gesellschaftlichen Bereichen (weiter)wirken und ob ein freundlicherer Umgang mit Unterschieden denkbar ist. Mit dieser veränderten Sichtweise und den entsprechenden Forschungsergebnissen schaffen sie die Grundlage für das, was heute ansteht: ein nicht mehr nur fragmentarisches Nachdenken darüber, wie ein sinnvolles Zusam-

11. Häufig unter der englischen Bezeichnung *Gender Studies.*

menleben jenseits der herkömmlichen Zweiteilung der Welt und der entsprechenden Ausschlussmechanismen aussehen kann und soll.

Anknüpfen an Tradition

An ethisches Nachdenken, insbesondere an die Begründung allgemein verbindlicher Normen und Werte, wird heute im akademischen Milieu üblicherweise der Anspruch der »Metaphysikfreiheit« gestellt. Das bedeutet: Die Begründungen moralischer Sätze, die für alle bindend sein sollen, müssen allen einleuchten, also ohne den Rückgriff auf Wirklichkeiten auskommen, die jenseits vernünftiger Einsehbarkeit liegen, zum Beispiel ohne Gott und ohne bestimmte historische Offenbarungen. Hinter diesem Anspruch steht die Tatsache, dass moderne, weltanschaulich neutrale Rechtsstaaten ihre Bürgerinnen und Bürger nicht mehr – wie die Gottesstaaten des Mittelalters – zu einem bestimmten religiösen Glauben verpflichten, ihnen dennoch ein Minimum an Pflichten im Sinne der Rücksichtnahme auf die Rechte anderer auferlegen müssen. Damit verpflichten sie sich – und die Ethik als eine ihrer Legitimationswissenschaften –, Rechte und Pflichten, die für alle verbindlich gelten sollen, nachvollziehbar argumentierend zu begründen. Der Glaube an bestimmte religiöse Offenbarungen und mit ihm alle Pflichten oder Tugenden, die sich nur aus solchem Glauben herleiten lassen, gehört dieser heute gängigen liberalen Auffassung von Staat und Ethik zufolge ins Reich persönlicher Vorlieben.

Auch diese liberalistische Trennung zwischen einer allgemein verbindlichen »Sollensethik« und einer nur persönlich verantworteten »Strebensethik«[12] ist allerdings ein Ergebnis der an-

12. So z.B. Monika Bobbert 2002, 47. Diese in der akademischen

drozentrischen Zweiteilung der Welt,[13] in diesem Fall der Überordnung einer als allgemein begriffenen argumentierenden Vernunft über eine Sphäre persönlicher, zum Beispiel religiöser Anschauungen.[14] Ich halte diese Trennung nicht für das Ende der Geschichte.[15] Dass viele kluge Leute sich bis heute nicht darauf einigen konnten, welche Prinzipien als vernunftgemäß begründet und damit für alle akzeptabel gelten können, lässt mich die Frage stellen, ob es sich auch bei der vermeintlich objektiven Vernunft um einen nicht verallgemeinerbaren Glaubensinhalt handelt. Die Tatsache zum Beispiel, dass es in Rechtsstaaten jahrzehntelang als vernunftgemäß galt, Frauen aus dem Recht auf politische Beteiligung, auf höhere Bildung und persönliche Bewegungsfreiheit auszuschließen, setzt mich in Distanz zur gängigen Vorstellung, das, was wir heute »Vernunft« nennen, sei frei von ungeprüften Voraussetzungen. Ich meine deshalb, dass im ausgehenden Patriarchat auch das eingeschliffene Gegenüber von allgemein verbindlicher Vernunftmoral und persönlich verantworteten tugendhaften Zusatzleistungen überdacht werden muss.[16] Im Rahmen der postmodernen Philosophie werden solche Überlegungen häufig angestellt mit dem Ergebnis gesteigerter Verunsicherung hinsichtlich der Frage, was denn nun gutes Handeln sein und woran es sich orientieren könne. Weil solche Verunsicherung nicht mein Anliegen ist, gehe ich in diesem Buch einen anderen Weg: Ich stelle die Möglichkeit wieder her, sich an einer Weltsicht zu orientieren, die der modernen Tren-

Ethik heute noch selten hinterfragte Trennung wird terminologisch unterschiedlich gefasst, etwa als Moral im Unterschied zur Ethik (Habermas), als kantische im Unterschied zur aristotelischen Ethik, als Pflichtethik versus Tugendethik u.a.

13. Vgl. Kap. 4.
14. Vgl. dazu Carol Gilligan 1984, Elisabeth Conradi 2001 u.a.
15. Vgl. hierzu z.B. die Ausführungen über eine andere mögliche Lesart des Begriffs »Metaphysik« in: Andrea Günter 2003, v.a. 10-59.
16. Eine ausführliche Argumentation in diesem Sinne findet sich in Elisabeth Conradi 2001, 61-134.

nung in vermeintlich allgemeinmenschliche Vernunftmoral und privat-weibliche Tugendhaftigkeit weit voraus liegt und eben deshalb geeignet ist, aus dieser Sackgasse heraus zu führen. Mit Martha C. Nussbaum bin ich der Meinung, dass es durchaus nicht immer ein Rückschritt ist, vormoderne Texte als Orientierungshilfe beizuziehen, auch wenn ihnen eine Metaphysik zugrunde liegt, die auf den ersten Blick von der Aufklärung überwunden scheint. Im Bezug auf das aristotelische Denken schreibt Martha C. Nussbaum:

»Wenn wir nur unsere Zeitgenossen lesen, lernen wir keine unzeitgemäßen Alternativen kennen und engen dadurch das Spektrum unserer Optionen ein. Auch verbringen wir dann zuviel Zeit mit mittelmäßigen Denkern, da jedes Jahrhundert offensichtlich nur wenige herausragende politische Philosophen kennt. Um zur ... Wahrheit zu gelangen, muss man eine Forschung betreiben, die nicht an der Oberfläche stehen bleibt, weil man sonst den gängigen Auffassungen nichts entgegenzusetzen hat und keine Fortschritte im eigenen Denken macht.«[17]

Im Untertitel dieses Buches »postpatriarchale Ethik in biblischer Tradition« ist gesagt, welcher Art Erbe ich mich verpflichtet fühle. Die Annahmen über die Beschaffenheit der Welt und des menschlichen Daseins, wie ich sie in den biblischen Schriften finde, liegen jenseits der modernen Idee metaphysikfreier Vernünftigkeit. Gerade weil ihnen die Trennungen von Vernunft und Gefühl, von Öffentlichkeit und Privatheit, Staat und Familie, Gerechtigkeit und gutem Leben weitgehend fremd sind, bergen sie zukunftsweisende Impulse für eine Gesellschaft, die einen Ausweg aus den Sackgassen der zweigeteilten Welt sucht. Diese Potentiale gedenke ich in diesem Buch zu nutzen und zu entfalten: Ich will einen erneuerten Zugang eröffnen zur biblischen Idee, menschliches Dasein und Handeln als Teil einer sinnvollen Geschichte zu verstehen, deren Beginn die gute Schöpfung und die gute Weisung Gottes ist, deren Ende der

17. Martha C. Nussbaum in: Herlinde Pauer-Studer Hg. 2000, 147.

Friede Gottes mit den Menschen sein wird. Ob ich diese Weltsicht allen Vernünftigen plausibel machen kann, ist zweitrangig. Ist nämlich die Vernunft selbst als ein Dogma erkannt, an das man glauben muss, so geht es im weiteren nicht mehr um die Unterwerfung unter dieses Dogma, sondern darum, einander unterschiedliche Begründungen für gutes Handeln, die auch in Zukunft unterschiedlich bleiben werden, friedfertig und möglichst einleuchtend zu erklären.

Die biblische Weisheit liegt allerdings ihrerseits vergraben unter dicken Schichten von Dogmatik, die heute zu Recht von immer mehr Menschen als unzeitgemäß beiseite gelassen werden. Zwar ist den jüdischen Autoritäten und den christlichen Kirchen als Verwalterinnen des biblischen Erbes das Verdienst nicht abzusprechen, die alten Texte in immer neue Gegenwarten überliefert zu haben. Indem die Kirchen biblische Sichtweisen aber als »Christentum« auf eine religiöse Erlösungslehre reduziert, in Glaubenssätzen und Bekenntnisformeln eingefroren und über Jahrhunderte den Menschen als einzigen Heilsweg aufgenötigt haben, sind sie ihrer Aufgabe nicht gerecht geworden. Die biblische Weltsicht für postpatriarchales Nachdenken über menschliches Zusammenleben fruchtbar zu machen, bedeutet deshalb unter anderem, solche Interpretationsschichten abzutragen. In einer Zeit, in der die Kirchen die Deutungshoheit über Bibel und Moral gleichermaßen verloren haben, ist ein derart erneuerter Zugang zur Bibel möglich, wenn auch nach wie vor verstellt von vielen Hindernissen. Wäre ich von der Fruchtbarkeit biblischer Weisung für ein erneuertes ethisches Nachdenken nicht fest überzeugt, ich würde mich dieser Mühe nicht unterziehen.

Die Teile und Kapitel dieses Buches

Im ersten Teil dieses Buches vergegenwärtige ich die Fülle, in der gutes Handeln seinen Anfang nimmt. Ich beginne mit den Denkbewegungen, an die ich selbst anknüpfe, befasse mich mit dem, was die Bibel »Schöpfung« nennt, mit dem Geborensein als Anfang jeder menschlichen Lebensgeschichte, mit menschlicher Kultur und mit einer Interpretation moralischer Traditionen[18] als Teil der geschenkten Fülle. Im zweiten Teil verabschiede ich mich vom Patriarchat und erläutere, wie ich mit den Missverständnissen umgehe, die die vergehende Ordnung mir einverleibt hat, wie ich andererseits an bestimmte Errungenschaften anknüpfe, auf die ich nicht verzichten will. Im Zentrum des dritten Teils steht die Frage, was gutes Handeln ist. Ich verstehe gutes Handeln als schöpferische Weltgestaltung in Dankbarkeit gegenüber der anfänglichen Fülle und werde diese Auffassung ausführlich erläutern. Der vierte Teil enthält Essays, in denen ich am Leitfaden menschlicher Freiheit in Bedürftigkeit Auswirkungen postpatriarchalen Denkens in konkreten Handlungsfeldern erforsche.

Warum ich dieses Buch in die Welt setze

Dieses Buch versteht sich als pointierte Zwischenbilanz des ethischen Nachdenkens im ausgehenden Patriarchat, als eine Art Gerüst, in das andere Menschen ihre Gedanken einfügen können. Weil ich noch nicht das umfassende Kompendium der postpatriarchalen Ethik zu schreiben gedenke, das es bestimmt einmal geben wird, streife ich immer wieder Zusammenhänge, über die sich mehrere Doktorarbeiten schreiben ließen, mit nur wenigen Sätzen: zum Beispiel das Verhältnis der postpatriarchalen biblischen Ethik zu unterschiedlichen Strömungen des Kommunitarismus, der Postmoderne oder der Kritischen Theorie. Verkürzungen in der Wahrnehmung des Vergangenen waren schon oft das Schicksal derer, die Neuem auf der Spur sind. Es

18. Unter »Moral« verstehe ich die faktisch existierenden Regeln und Normen für gutes Handeln. »Moralische Traditionen« sind also überlieferte Texte, die solche je zeitgebundenen Regeln enthalten.

geht mir in diesem Buch nicht darum, mich auf spezialisierte Debatten einzulassen oder detailgenau jeden Winkel meiner Argumentation auszuleuchten, vielmehr will ich eine Schneise in eine Zukunft schlagen, in der sich das Zusammenleben der Menschen jenseits der Jahrhunderte alten Zweiteilung der Welt neu organisieren wird. Einige der Zusammenhänge, die ich hier nur andeute, habe ich oder haben andere in früheren Arbeiten bereits ausführlich untersucht. Die Anmerkungen verweisen auf entsprechende Möglichkeiten vertiefender Lektüre. Vielleicht werde ich, sicher werden andere in Zukunft einzelne noch zu wenig geklärte Fragen im Detail erforschen.

1. Teil
Die Fülle am Anfang

Erstes Kapitel
Anknüpfungen

Jedes Denken schöpft aus der Fülle des Vorausgedachten. Schon in der Einleitung ist deutlich geworden, dass auch dieses Buch an bestimmte Traditionen dankbar anknüpft, während es sich von anderen abgrenzt oder sie sogar zu überwinden sucht. Bevor ich im zweiten Teil dieses Buches Überlieferungen untersuche, von denen ich mich abwende, möchte ich die anfängliche Fülle vergegenwärtigen, aus der ich schöpfe. Ich beginne mit einer Darstellung der sozialen und denkerischen Bewegungen, denen ich mich verbunden fühle.

Die Frauenbewegung: Von der Gleichberechtigung zur Weltgestaltung

Die Frauenbewegung ist eine der wichtigen historischen Rebellionen einer bestimmten Gruppe von Menschen. Sie richtet sich gegen eine herrschende Ordnung, die Frauen von wesentlichen Teilhabemöglichkeiten ausschließt.

Während Teile der Frauenbewegung als Streit für Gleichberechtigung bis heute dem Muster der Interessenvertretung[1] im Rahmen der von der bekämpften Ordnung selbst vorgegebenen Idee der »Gleichheit« folgen, haben wachsame Denkerinnen und Denker längst entdeckt, dass mehr auf dem Spiel steht. Sie

1. Vgl. Hannah Arendt 1981, 207-214. Arendt zeigt hier am Beispiel der Arbeiterbewegung, dass Interessenvertretung und Gleichheitsforderungen noch nicht veränderndes politisches Handeln bedeuten.

fanden heraus, dass nicht nur vormoderne, naturrechtlich oder schöpfungstheologisch argumentierende Traditionen, sondern auch die vermeintlich auf die Freiheit und Gleichheit aller Menschen bauende Ethik der europäischen Neuzeit immer wieder Ausgrenzungen eines »Anderen« produziert: Immer neue Ausgeschlossene scheinen dabei dem Einen Göttlichen oder Vernünftigen als Bedrohung gegenüber zu treten, die man meint kontrollieren und zähmen zu müssen, zum Beispiel mittels moralischer Weisungen.[2] So wurde »die Frau« als das schwache, gefühlsbetonte, bedrohliche, wenn auch für das Überleben der Gattung notwendige Geschlecht jahrhundertelang in die Natur und damit in die Unfreiheit hinein definiert,[3] was zur Folge hatte, dass traditionelle Ethik für Frauen nicht Anleitung zum Gebrauch der Freiheit, sondern Zuweisung bestimmter Funktionen bedeutet.[4] Ähnlich erging es seit den Anfängen der Philosophie in der griechischen Antike auch anderen »Anderen«: den Kindern, den Alten, den als krank Definierten, fremden Kulturen.

Angesichts dieses Befundes greift die gängige Meinung, die sogenannte Frauenfrage sei nicht von weitergehender weltgestaltender Bedeutung, also zum Beispiel kein sinnvoller Anlass für ein neues Bedenken der ethischen Frage, zu kurz. Denn sie setzt voraus, dass Frauen und andere jahrhundertelang oder sporadisch an den Rand der geltenden Ordnung gedrängte Menschen sich dieser Ordnung einfügen (lassen), ohne sie zu verändern. Handelt es sich bei der Ordnung aber um eine Folge fortgesetzter Ausgrenzungen nach ein- und demselben Muster, so kann es nicht darum gehen, ehemals Ausgeschlossene in die Ordnung

2. Vgl. dazu die Kritik herkömmlicher Ethik in Sarah Lucia Hoagland 1991.
3. Eine wertvolle Quellensammlung zu den einschlägigen Argumentationen ist Elisabeth Gössmann Hg. 1984 ff, vgl. auch dies. 2003, 369-380.
4. Vgl. Silvia Bovenschen 1980, Heidemarie Bennent 1985, Ina Praetorius 1994 u.a.m.

einzubeziehen. Vielmehr gilt es, den Mechanismus des Ausschließens selbst zu durchschauen. Deshalb reicht es nicht aus, die aus dem herrschenden Denken des Allgemeinen ausgesonderten Teile der Menschheit nachträglich in bereits feststehende ethische Denkformen, zum Beispiel die der »autonomen Entscheidung« oder der »ausgleichenden Gerechtigkeit« einzubeziehen. Dass tatsächlich viele Ethiker und einige Ethikerinnen unterschiedlicher Herkunft auf diese Weise mit der sogenannten Frauen- oder Geschlechterfrage verfahren zu wollen scheinen, ändert nichts daran, dass sich weiter gehende Fragen stellen.

Mit vielen feministischen Denkerinnen und Denkern sehe ich, dass die Zeit des ausgehenden Patriarchats eine umfassende Offenheit erzeugt. In einer Situation der verwirrenden Gleichzeitigkeit von uninspirierter Besitzstandswahrung, postpatriarchalem Raubrittertum,[5] ratloser Nostalgie, hektischem Nichtwissenwollen und orientierungslosem Identitätsgebastel können die differenzfreundlichen Sichtweisen und Handlungsformen, die sich seit Jahrzehnten in der Frauenbewegung entwickeln, unsere Sicht der Welt neu organisieren. Das bedeutet zwar nicht unbedingt, dass herkömmliche Begriffe und Denkarten gänzlich unbrauchbar werden. Aber alle müssen von der Voraussetzung her, dass die heute oft unausgesprochenen, dennoch wirksamen Grenzziehungen zwischen wichtigen und weniger wichtigen, freieren und weniger freien Menschen und Sphären sich erübrigt haben, grundlegend überdacht werden. Meine Ethik verstehe ich als einen Beitrag zu diesem »Neuanfang mit Tradition«,[6] den viele Frauen und etliche Männer seit einiger Zeit in Gang setzen. Mit den Vorgängerinnen und Weggenossen, auf die ich mich in diesem Buch beziehe, bin ich überzeugt von der Not-

5. Den Gedanken, bestimmte Ausprägungen von Männlichkeit im ausgehenden Patriarchat – etwa das »Phänomen Berlusconi« – als »postpatriarchales Raubrittertum« zu bezeichnen, verdanke ich Ursula Baatz.
6. Michaela Moser/Ina Praetorius Hg., 2003, 25.

wendigkeit, bis auf den Grund der vergehenden Ordnung zu forschen, und danach keine Mühe zu scheuen, die Wörter und damit unsere Wahrnehmung der Welt anders zusammen zu setzen und hin und wieder auch neue Begriffe zu erfinden.

Obwohl ich mich in die Tradition der Frauenbewegung und der Feministischen Theologie stelle, nenne ich meinen Entwurf nicht »feministisch«, sondern »postpatriarchal«. Denn das Patriarchat hat die Allmacht und Allgegenwart, die Frauenrechtlerinnen ihm in den vergangenen Jahrzehnten immer wieder zugesprochen haben, eingebüßt. Die Bezeichnung »postpatriarchale Ethik« bringt den Übergang von bloßer Herrschaftskritik zur positiven Weltgestaltung zum Ausdruck, ohne die noch andauernde Wirkmacht der Ordnung zu verleugnen, von der ich mich abwende. Und sie spricht deutlich aus, dass meine Art des Nachdenkens nicht nur für Frauen, sondern für alle Menschen bedeutsam ist, die aus dem Patriarchat ausziehen wollen in eine lebensdienlichere Ordnung des Zusammenlebens.

Die biblische Tradition und die Kirche

Als Theologin beschäftige ich mich seit vielen Jahren mit der Bibel. Dabei mache ich immer wieder die Erfahrung, dass biblische Texte erstaunliche Überraschungen bereit halten, sobald ich die Deutungsmuster konventioneller kirchlicher Unterweisung in Frage stelle, mit deren Hilfe ich sie lange Zeit gelesen habe. Solche Überraschungen sind der Grund dafür, dass ich eine »postpatriarchale Ethik in biblischer Tradition« entwickeln will. Es geht mir dabei nicht darum, den biblischen Texten spezielle »Normen und Werte« zu entnehmen oder in fundamentalistischer Manier jede meiner Aussagen mit einem Zitat aus der Bibel zu schmücken. Vielmehr interessiert und fasziniert mich die dynamische Weltsicht der Freiheit in Bezogenheit,[7] die ich in den Texten entdecke und die im Kontrast steht zum statisch zweigeteilten Weltbild der griechischen Tradition und der Moderne.[8] In diesem Sinne halte ich den Satz, mit dem Carol Gilligan den Ertrag ihres Buches »Die andere Stimme« zusammenfasst, für prophetisch:

»... die ... Erkenntnistheorie verlässt ... das griechische Ideal des Wissens als Übereinstimmung von Geist und Form und nähert sich der biblischen Auffassung vom Wissen als einem Prozess menschlicher Beziehungen.«[9]

Die Bibel ist ein (alt)orientalisches Buch, das sich aus vielen einzelnen Texten zusammensetzt, die in einem Zeitraum von mehr als tausend Jahren entstanden sind. In Gestalt der Einheit aus Erstem und Zweitem Testament, beginnend mit der Schöpfung und endend in apokalyptischen Visionen, begründet dieses Buch die christliche Kirche und mit ihr die westliche Kultur, in der ich aufgewachsen bin.

Neuere Forschungen stellen nun allerdings fest, dass moderne westliche Gesellschaften vor allem durch den starken und lang andauernden Einfluss der griechischen Klassik und entsprechende dogmatisierende Lesarten der biblischen Texte nur noch zu einem kleinen Teil der Weisheit Zugang haben, die in der Bibel zu finden wäre. Das Unverständnis lässt sich zum einen aus der Distanz erklären, die viele Menschen nach der europäischen Aufklärung zur Institution Kirche und damit zu deren begründendem Text entwickelt haben: Häufig wurde die Bibel zusammen mit der Institution Kirche – manchmal begleitet von antijüdischen, neuerdings auch von patriarchatskritischen Einstellungen – als überholt abgetan. In der philosophischen Ethik wird sie oft ganz ausgelassen, weil sie als Grundtext einer veralteten Religion gilt,

7. Vgl. Ina Praetorius Hg., 2005.
8. Zur Analyse solcher ontologisierender und identifizierender Sichtweisen vgl. Kap. 4.
9. Carol Gilligan 1984, 211.

die den Menschen jahrhundertelang das eigenständige Denken verwehrt habe. Hebraistinnen und Altorientalisten erklären die Distanz der Moderne zum vermeintlich altbekannten Text zusätzlich aus dem Unterschied zwischen indoeuropäischen Denkweisen, die »sich zum Konservieren des biblischen Glaubensgutes eignen« und die kirchliche Wirkungsgeschichte der Texte dominieren, und den in der Bibel selbst wichtigeren hebräischen »Kategorien der Bewegung, des Geschehens, der Tat.«[10] Die Verheißung, dass biblische Texte jenseits ihrer eigenen patriarchalen Traditionen[11] und kirchlicher Dogmenbildung eine neue Fruchtbarkeit entfalten können, liegt vor allem in der hier angedeuteten Möglichkeit, über diverse Vereinnahmungen hinaus zu einer sinngemäßen Relektüre der alten Texte zu finden.

Wenn ich mein Buch primär in der biblischen Tradition verankere, so meine ich damit allerdings nicht eine Frontstellung gegenüber anderen möglichen Anknüpfungen. Dass zum Beispiel Aristoteles einer der wichtigen Gründerväter des Patriarchats ist, schließt positive Beziehungen zu bestimmten Teilen seines Denkens nicht aus.[12] Auch die in der wissenschaftlichen Ethik derzeit dominanten liberalistischen Denkgewohnheiten will ich nicht grundsätzlich zurückweisen, aber in einen weiten Horizont stellen, der der akademischen Ethik im Eifer des Selbstbezugs zuweilen abhanden kommt.

Es gibt in meiner Gegenwart und in der jüngeren Vergangenheit Denkerinnen und Denker, die sich von der biblischen Tradition inspirieren lassen, ohne in jedem Fall gläubig oder kirchlich zu sein: zum Beispiel Hannah Arendt, Marie Balmary, Martin Buber, Carol Gilligan, Luce Irigaray oder Emmanuel Lé-

10. Heinz Rothenbühler 1998, 14/15.

11. Dass die Bibel selbst patriarchale Traditionen enthält, steht außer Frage. Solche Traditionen will ich nicht verharmlosen, aber aus dem Zentrum meiner Deutung an den Rand rücken. Vgl. dazu Klara Butting 2001, 203-208.

12. Vgl. dazu Martha C. Nussbaum 1999 und 2002.

vinas. Auch von Jacques Derrida wird berichtet, er habe sich regelmäßig mit Rabbinern beraten.[13] Ich fühle mich nicht nur Theologinnen und Theologen, sondern vor allem auch solchen Denkerinnen und Denkern verbunden in ihrem Bemühen, an den Grenzen dessen, was im allgemeinen als »die westliche Tradition« gilt, neu-alte Denkräume zu eröffnen.

Ich selbst allerdings distanziere mich nicht von der Kirche, denn sie wird mir immer wieder zu einem Raum, in dem Handeln in bezogener Freiheit möglich ist. Dass die Kirchen sich viel haben zuschulden kommen lassen und dass sie als Platzhalterin von Werten wie »Liebe« und »Gnade« oft das Schicksal trivialisierter Weiblichkeit teilen,[14] ist bekannt. Herlinde Pissarek-Hudelist benennt die Kirche im Bild des »durch die Jahrhunderte stolpernden, sündigen Volkes Gottes«.[15] In diesem Bild drückt sich die an sich selbstverständliche, für KirchenkritikerInnen aber immer wieder überraschende Einsicht aus, dass die Kirche sich bewegt, vielleicht sogar in die richtige Richtung, obwohl sie nicht vollkommener ist als andere konkrete menschliche Gemeinschaften. Als ein »Haus, das die Träume verwaltet«[16] ist die Kirche Institution, die stets von neuem zur Bewegung wird, weil Gottes lebendige Geistkraft sich niemals endgültig einschläfern lässt. In den vielfältigen Räumen der Kirche wird über die Bedeutung von Wörtern gestritten, die mir viel bedeuten und die außerhalb der

13. Vgl. Birge Krondorfer, »Uneingesehene« jüdisch-christliche Motivlagen in der Zweiten Frauenbewegung und ihrer Theoriebildung. Eine Skizze, in: Ina Praetorius/Michaela Moser Hg. 2003, 61-70, hier: 69.
14. Die Kirche ist zwar weitgehend patriarchal organisiert, wird aber seit Jahrhunderten vor allem von Frauen frequentiert, da es vor allem die Frauen sind, die sich für die Verwirklichung der in der Kirche verkündeten Werte zuständig fühlen. Auch gesamtgesellschaftlich ist die Kirche zumeist auf der Seite symbolischer Weiblichkeit positioniert
15. Art. »Kirche« in WFTh 1991.
16. Fulbert Steffensky 1998.

Kirchen oft nicht mehr verstanden werden: Segen, Gnade, Schuld, Vergebung, Reich Gottes. Hier werden überlieferte Formen der Sinnstiftung gepflegt, die tröstende und weltgestaltende Kräfte freisetzen können, aber außerhalb der Kirche längst als geradezu peinlich altmodisch gelten: das Gebet, gemeinsames Singen und Schweigen, die Predigt. Hier finden ungewohnte Gedanken stets zumindest bei einigen Gehör, denn wer ein lebendiges Göttliches für möglich hält, lässt auch die Tür zu neuen Lebens- und Denkmöglichkeiten immer mindestens einen Spalt breit offen.

Vielleicht könnte ich solche Sätze sogar schreiben, wenn ich katholisch wäre. Ich bin aber evangelisch: getauft in der unierten Kirche Badens, konfirmiert im lutherischen Württemberg und heute gut aufgehoben in der reformierten Kirche des Kantons Sankt Gallen und in der ökumenischen Welt-Frauenkirche.

Ökologie und Eine-Welt-Bewegung

Bereits in meine grundlegende Definition der ethischen Frage[17] habe ich die sechs Milliarden Menschen einbezogen, die in immer neuen Generationen zusammen mit unzähligen anderen Lebewesen die Erde bewohnen. Im Zeitalter der politischen, ökonomischen, ökologischen und kulturellen Globalisierungsbewegungen ist ein ethisches Nachdenken, das sich, dem Vorbild der Antike folgend, ausdrücklich oder unausgesprochen nur auf eine begrenzte Polis bezieht, nicht mehr zeitgemäß. Zwar entsteht jedes Denken an einem bestimmten Ort zu einer bestimmten Zeit unter begrenzten kulturellen Rahmenbedingungen, bleibt grundsätzlich befragbar, wendet sich vor allem an Angehörige der eigenen Kultur und sollte sich dessen bewusst sein. Angesichts

17. Vgl. S. 9

des unaufhaltsamen Zusammenrückens der Menschheit durch technische Neuerungen der vergangenen Jahrhunderte, insbesondere das Flugzeug und die Telekommunikation, und angesichts der gewaltigen ökologischen und sozialen Probleme, die sich nur durch gemeinsames politisches Handeln der gesamten Menschheit werden lösen lassen, beziehen sich angemessene ethische Entwürfe heute auf die Tatsache der globalen Vernetztheit. Ich verstehe meine postpatriarchale Ethik als Beitrag zum Gespräch der vielen nachdenklichen Menschen, die sich in den vergangenen Jahrzehnten ihrer Verantwortung für die ganze Welt bewusst geworden sind, die die Grenzen herkömmlicher Denkmodelle angesichts weltweiter Aufgaben erkannt haben und die Konflikte nicht scheuen, die sich aus dem Zusammentreffen unterschiedlicher Sichtweisen im gemeinsamen Bemühen um die Erhaltung des Lebensraums Erde ergeben. In diesem Sinne ist die dritte wichtige Tradition, in der sich mein Denken ansiedelt, die Ökologie- und die Eine-Welt-Bewegung, die sich in den vergangenen Jahrzehnten weltweit als erneuernde politische Kraft etabliert haben.

Einer der wichtigsten Slogans der Ökologiebewegung heißt: »Global denken, lokal handeln«. Ich lebe und arbeite seit vielen Jahren als freie Autorin und Familienfrau in einer ländlichen, sogenannt entwicklungsschwachen Randregion in den Schweizer Voralpen. Vorher habe ich zwölf Jahre an Universitäten studiert und wissenschaftlich gearbeitet, nachdem ich meine Kindheit und Jugend in einem Elternhaus verbracht hatte, in dem ein begeisterter und professioneller Umgang mit Musik, Literatur und Kunst gepflegt wurde. Entstanden ist eine Einstellung zur Welt, die vom Ideal wissenschaftlicher Genauigkeit ebenso geprägt ist wie von der Liebe zum Schönen, vom abwartenden Pragmatismus vermeintlich rückständiger Bergbäuerinnen und Bergbauern und vom Arbeitsort Haushalt. Im globalen Horizont lokal zu handeln bedeutet für mich, keine dieser Wurzeln auszureißen, vielmehr alle zu pflegen und Texte zu schreiben, die schön, kritisch, haushälterisch und erdverbunden sind.

Zweites Kapitel
Erde und Menschenwelt

Am Anfang schuf Gott den Himmel und die Erde.
(Gen 1,1)[1]

Jeder menschlichen Aktivität liegt eine geschenkte Fülle voraus: Nach Hannah Arendt bedeutet Handeln, den Faden des eigenen Lebens »in ein Gewebe zu schlagen, das man nicht selbst gemacht hat.«[2] Sich täglich neu staunend bewusst zu werden, dass mein Dasein und Tun sich in einem Kosmos ereignet, den ich nicht mir selbst verdanke, ist der Anfang jeder angemessenen menschlichen Tätigkeit.

Das Staunen am Anfang

Und Gott sah alles an, was Sie gemacht hatte,
und siehe, es war sehr gut.
(Gen 1,31a)

Der Planet Erde mit der ihn umgebenden Atmosphäre ist seit Jahrmillionen Lebensraum für Mikroben, Tiere, Pflanzen,

1. Die Bibelzitate in diesem Buch folgen, sofern nicht anders angegeben, dem Text der Zürcher Bibel (Zürich 1942, 18. Aufl. 1982). Bevor die »Bibel für das neue Jahrtausend – Die Testamente in gerechter Sprache« die im Jahr 2006 erscheinen soll, verfügbar ist, nehme ich mir die Freiheit, den mir vertrauten Text der Zürcher Bibel hin und wieder im Sinne der Kriterien geschlechtergerechter Übersetzung abzuändern. Vgl. dazu: Ina Praetorius/Hanne Köhler 2002.
2. Hannah Arendt 1981, 174.

schließlich Menschen, die in immer neuen Generationen auf ihm zusammen leben. Menschliches Leben ohne Luft, Wasser, Erde und andere Lebewesen ist nicht möglich. Kein Mensch kann sich dieser elementaren Abhängigkeit entziehen.[3]

In der Bibel heißt die mit dem menschlichen Verstand nicht ergründbare Gegebenheit des Daseins »Schöpfung« und wird als Werk eines persönlichen Gottes begriffen, den Menschen ehren und lieben, von dem sie sich aber kein Bild machen sollen. Biblische Texte zur Schöpfung geben vor allem den Gefühlen des ehrfürchtigen Staunens und der Dankbarkeit Ausdruck, die Menschen dem göttlichen Schöpfungswerk gegenüber empfinden, in das sie ungefragt hinein geboren wurden:

O Gott, wie sind deiner Werke so viel! Du hast sie alle in Weisheit geschaffen, die Erde ist voll deiner Güter. Da ist das Meer, so groß und weit; darin wimmelt es ohne Zahl, kleine Tiere samt großen. Da wandeln Ungeheuer, der Leviathan, den du gebildet hast, damit zu spielen. Sie alle warten auf dich, dass du ihnen Speise gebest zu seiner Zeit. (Ps 104,24-27)

Wenn ich schaue deine Himmel, das Werk deiner Finger, den Mond und die Sterne, die du hingesetzt hast: Was ist doch der Mensch, dass du seiner gedenkst? Und des Menschen Kind, dass du dich seiner annimmst? (Ps 8,4f)

Wohl jede Kultur kennt vergleichbare Ausdrucksformen für die staunenswerte Unbegreiflichkeit des Daseins, als deren Teil sie sich vorfindet. Die westlichen Naturwissenschaften haben zwar neue Erklärungen für den Ursprung des Lebens in die Welt gesetzt, die ohne die Annahme eines schöpferischen Göttlichen auskommen, können aber ihrerseits das Geheimnis der gegebe-

3. Ich selbst kenne mich nicht gut aus mit Lehre und Praxis des Buddhismus. Ein Kennerin der Materie, Ursula Baatz, hat mir aber erklärt, dass das »Leerwerden« in der Zen-Meditation im Grunde die Vergegenwärtigung dieser fundamentalen Abhängigkeit meint. Vgl. auch Ursula Baatz 2002.

nen Fülle und ihres Anfangs nicht ergründen. Bis heute finden deshalb Dichterinnen und Philosophen, auch Naturwissenschaftlerinnen, Künstler, Mystikerinnen, Kinder und Alte immer wieder neue Worte für das große Erstaunen:

Wann das Abendrot die Haine
Mit den Abschiedsflammen küsst,
Wann im prächtgen Morgenscheine
Lerchenklang die Sonne grüsst

O, dann werf ich Jubellieder
Ins Lobpreisen der Natur,
Echo spricht die Töne wieder,
Alles preist den Ewgen nur.

(Ludwig Tieck)

Der Astrophysiker Arnold Benz beobachtet an sich selbst, wie der sezierende Blick des Forschers unvermittelt in mystisches Erleben münden kann. Gott wird ihm, dem staunenden Spaziergänger unter dem nächtlichen Firmament, zur Frage:

»Wir haben den ganzen Tag versucht, mit dem Very Large Array Radiowellen des engen Doppelsterns EMCygni zu empfangen ... In klimatisierten Räumen ohne Fenster irgendwo im amerikanischen Bundesstaat New Mexico haben wir Millionen von Zahlen eingelesen, kontrolliert, geeicht, addiert, transformiert, auf Band gesichert, Fehler gemacht, wieder neu begonnen und haben immer noch kein Bild... die Computerprogramme schwirren mir durch den Kopf... Mit dem Besucherwagen fahre ich allein gen Süden, bis kein Teleskop, kein Strommast mehr zu sehen ist, und steige aus. Es ist eine mondlose Nacht, ich gehe gemächlich bergauf ... Ich bin klein gegen die stellaren Riesen und gleichzeitig groß in meinem Geist. Aber die Größe spielt eigentlich gar keine Rolle mehr, denn ich bin eins mit dem Universum. Für einen Augenblick spüre ich die Grenze meiner Person fallen; der Intellekt, der den ganzen Tag im selben Hirnwinkel verbracht hat, scheint sich grenzenlos auszubreiten. Ich bin mit der Natur versöhnt und muss ihr keine Geheimnisse mehr entreißen. Das staunende Ah ist meine sprachlose Antwort in diesem Dialog mit dem All ... Bergab gehend frage ich mich, was am Erlebten wirklich war. Was bedeuten diese Gefühle, dieses mystische Verschmelzen? ... War da noch mehr als nur Sterne, Galaxien und das Universum? War das eine Gotteserfahrung? ...«[4]

Als Anfang der Philosophie wird im allgemeinen das Staunen bezeichnet, das in dem von Sokrates überlieferten paradoxen Diktum »Ich weiß, dass ich nichts weiß« einen Ausdruck gefunden hat, als dessen Subjekt allerdings, dem eingestandenen Nichtwissen zum Trotz, der Philosoph das denkende menschliche Ich setzt. Demgegenüber erscheint die unüberschreitbare Begrenztheit menschlicher Erkenntnisfähigkeit in biblischen Texten häufig in Form der Gottesrede:

Wo warst du, als ich die Erde gründete? Sag an, wenn du Bescheid weißt!
Wer hat ihre Maße bestimmt – du weißt's ja! – oder wer die Messschnur über sie ausgespannt? Worauf sind ihre Pfeiler eingesenkt, oder wer hat ihren Eckstein gelegt ...? (Ijob 38,4-6)

Wie auch immer sich das anfängliche Staunen Ausdruck verschafft: als unabschaffbare Tatsache bleibt, dass jede Frau, jeder Mann, jedes Kind Teil dessen ist und bleibt, was menschlich nicht verstanden werden kann.

Geboren werden

Maria aber sprach: Siehe, ich bin Gottes Magd;
mir geschehe nach deinem Wort.
(Lk 1,38a)

Allerdings wurde kein Mensch unmittelbar von Gott geschaffen. Was wir sehen können, ist, dass Menschen aus Menschen hervor gehen. Wir alle wurden von Müttern geboren, die ihrerseits

4. Arnold Benz 2001, 17-19.

Töchter[5] von unverwechselbaren Töchtern sind. Eine schier unendliche Reihe von Gebärerinnen verbindet uns mit dem Anfang der Menschheit, der immer wieder besungen wird, sich aber menschlicher Erkenntnis entzieht. Was ich – nicht aus eigener Erfahrung, sondern aus den Erzählungen Älterer – wissen kann, ist, dass ich wie alle anderen als hilfsbedürftiger Säugling in die Welt eingetreten bin, abhängig zuerst vom konkreten Ja meiner Mutter zu meiner Existenz, dann von vielfältigen mir zugewandten Tätigkeiten anderer, die mich genährt, gefördert und herausgefordert haben. Zu den allgemeinsten Aussagen, die Menschen über ihr Dasein machen können, gehört diese: Keine und keiner hat sich selbst gemacht. Alle sind in Form einer Beziehung in die Welt eingetreten, die im Anfang so eng war, dass die beiden aufeinander Bezogenen sich in ein- und demselben Körper befanden. Wir wissen heute, dass in Gestalt der Plazenta von einem frühen Stadium an eine Grenze zwischen dem Organismus des Neulings und dem der Erwachsenen gelegt ist.[6] Vor

5. Dass jede Mutter ihrerseits Tochter ist, wird häufig vergessen. Auch in der Bibel ist die Beziehungsform des Tochter-Seins einer Mutter deutlich unterbelichtet. Bezeichnend ist, dass die Volksfrömmigkeit die Leerstelle zuweilen füllt, indem sie – zum Beispiel – für Maria die Mutter Anna erfindet und diese Beziehung stark gewichtet und ausmalt. Das Tochtersein der Mütter zu bedenken, kann vor dem patriarchalen Missverständnis, Mütter seien allmächtig und verschlingend und müssten daher zurückgewiesen und verdrängt werden, bewahren. Vgl. dazu: Andrea Günter, Die Vater-Mutter-Sohn-Religion und die Religion der Tochter, in: dies. 2004, 113-136; vgl. auch Ina Praetorius 2002, 150-161 und Kap. 12.
6. Luce Irigaray spricht vom Vergessen der Plazenta, also der Grenze zwischen dem mütterlichen und dem embryonalen Organismus, in der Geschichte der Philosophie und deutet diese Lücke in der symbolischen Ordnung als Sinnbild für das Vergessen der konkreten Herkünftigkeit und für den Freiheitsverlust der Mutter im Patriarchat. Vgl. Luce Irigaray, Körper an Körper mit der Mutter, in: dies. 1989, 25-46.

dem Geborenwerden waren wir also während Monaten gleichzeitig Teil des mütterlichen Körpers und von ihm unterschieden. Es ist erstaunlich, wie präzise die christologische Formel von Chalcedon[7] den Zustand der Schwangerschaft als Sinnbild menschlicher Freiheit in Bezogenheit beschreibt: »unvermischt und unverwandelt, ungetrennt und unzerteilt« sind im Anfang der Körper der Schwangeren und der des Embryos. Mit der schmerzhaften Prozedur des Gebärens erscheint die Zweiheit im Licht der Welt: eine Anfängerin, ein Anfänger ist da und wird, wenn alles gut geht, von den Älteren über Jahre in den Zustand hinein begleitet, den wir »Selbständigkeit« nennen. Die christliche Tradition ehrt das Geborenwerden, indem sie auch Gott in Jesus Christus geboren sein lässt. Eine der elementaren Bedeutung der Geburtlichkeit angemessene weihnachtliche Theologie ist heute im Entstehen.[8]

Um schließlich als eigenständige Wesen existieren zu können, stehen Menschen vom Augenblick der Zeugung im Mutterleib an in unablässigem Austausch mit den Ressourcen, die die Erde zur Verfügung stellt. Zuerst bildet der mütterliche Leib das Medium, durch das alle nötigen Nährstoffe sich mit der Materie der Keimzellen zu einem neuen Geistkörper verbinden. Nach der Geburt beginnen die Lungen selbst zu atmen, der Mund und die Verdauungsorgane Nahrung von außen aufzunehmen.

7. Am vierten ökumenischen Konzil von Chalcedon im Jahr 451 beschlossen die damaligen kirchlichen Autoritäten die sogenannte »Zweinaturenlehre«, der zufolge in Jesus Christus menschliche und göttliche Natur unvermischt und ungewandelt, ungetrennt und unzerteilt zusammen finden. Diese Lehre wurde auch von den evangelischen Kirchen anerkannt und gilt in den Großkirchen bis heute. Ihre Neuinterpretation im Sinne der ausstehenden Theologie der Geburtlichkeit ist möglich.
8. Ansätze dazu finden sich z.B. in Susan Roll 1995, Luzia Sutter Rehmann 1995, Andrea Günter 2000, Karin Ulrich-Eschemann 2000; Ina Praetorius 2000, 17-28; Ina Praetorius 2002, 150-161; Andrea Günter Hg. 2004.

Nach und nach lernen die meisten Menschen greifen, sprechen und gehen, Ich sagen, gut oder böse sein. Solche Fähigkeiten ermöglichen eine Zeit lang, dass wir in bezogener Freiheit die Welt mitgestalten und eine neue Generation ins Erwachsenenleben begleiten. Dann gehen sie durch Krankheit, Unfall oder Alter wieder verloren. Am Ende verbindet sich, was einige Zeit als einzelner oder einzelne auf der Erde umher gegangen und auf ihr Spuren hinterlassen hat, wieder mit der Erde, aus der neue Anfänge hervor gehen.[9]

Kultur

> *Und Gott segnete sie und sprach zu ihnen: Seid fruchtbar und mehret euch und füllet die Erde und machet sie euch untertan ...* *(Gen 2,28a)*

Innerhalb der umfassenden Hülle Natur und indem sie von der gegebenen Fülle Gebrauch machen, schaffen die Menschen, was wir »Kultur« nennen.[10] Sie bauen Häuser und Straßen, nähen Kleider, entwickeln Techniken der Bodenbearbeitung und wenden sie an, verwandeln pflanzliche und tierische Stoffe in Mahlzeiten, helfen und fördern einander in den Zeiten der Kindheit, der Krankheit und des Alters, tauschen miteinander, was sie übrig haben, erfinden Instrumente, um sich die Arbeit und das Zusammenleben zu erleichtern, und machen so ursprüngliche Wildnis zu ihrem Zuhause. Ein Teil und Ergebnis der Kultur ist, was Hannah Arendt die »Dingwelt« nennt: ein sinnvolles Zueinander dauerhafter Gegenstände, das »menschliches Leben

9. Vgl. Luzia Sutter-Rehmann 1995.
10. Vgl. zum hier zugrundeliegenden umfassenden Kulturbegriff Ulrike Wagener u.a. 1999.

überdauert, ihm widersteht und als objektiv-gegenständlich gegenübertritt.«[11] Durch den kultivierenden Gebrauch des Gegebenen erfüllen Menschen nicht nur ihre elementaren Bedürfnisse nach Nahrung, Kleidung und Wohnung. Zusätzlich zum ökonomischen Aspekt der Kultur verhandeln sie als aufeinander Angewiesene auch immer neu darüber, wie sie ihr Zusammenleben am besten gestalten können: sie werden politisch tätig. Ein wesentliches Mittel, sich zu verständigen, sind die Sprachen, aus denen die vielfältigen Geschichten gewoben sind, mittels derer wir einander den Wandel der Welt verständlich machen. Schließlich gibt es Elemente der Kultur, die weder für die Bedürfnisbefriedigung noch für das praktische Zusammenleben absolut notwendig sind, wohl aber für den Sinn, den die Menschen ihrer Existenz geben: Spiel, Kunst, Wissenschaft, Geselligkeit, Sport, Fest, Religion verbinden sich mit ökonomischen und politischen Tätigkeiten zu einem Universum, in dem sich Menschen zuhause fühlen können. Was für den Umgang mit der vorgegebenen Materie die Dingwelt ist, das sind für die Politik die Institutionen: juridische und moralische Gesetze und dauerhafte Einrichtungen wie Familie, Königtum, Parlament, Ehe, Kirche, Schule oder Gewerkschaft. Dingwelt und Institutionen überdauern einzelne Menschenleben und geben dem Dasein Halt und Kontinuität. Beide sind zwar von Dauer, aber nicht unveränderlich und kein Selbstzweck. Sie können auch veralten und für das gute Zusammenleben hinderlich werden. Daraus wie auch aus den unterschiedlichen Zugängen zu den vorgegebenen Ressourcen und dem Zusammentreffen unterschiedlicher Begabungen, Wünsche und Ideen entstehen Konflikte, die als solche unvermeidbar sind, die aber mehr oder weniger gewaltsam ausgetragen werden können. Menschliches Zusammenleben ist als ein Zusammenleben bedürftiger, unterschiedlich ausgestatteter handlungsfähiger Wesen als solches konflikthaft. Eine wesentliche Aufgabe des Nachdenkens über

11. Hannah Arendt 1981, 14.

das Gute besteht darin, Möglichkeiten aufzuzeigen, wie Menschen der unaufhebbaren Pluralität statt mit Angst und gewaltsamer Selbstbehauptung in geregelter und gelassener Bezogenheit, anknüpfend ans Modell unseres friedlich-konflikthaften Anfangs in einem mütterlichen Geistkörper, begegnen können.

Gut zu handeln bedeutet, das vielgestaltige Zusammensein der Menschen im Kosmos so zu nähren, dass es mir selbst und allen anderen möglichst gut geht. Am Anfang des guten Handelns steht immer neu das Staunen über die geschenkte Fülle und das Bewusstsein der Bezogenheit: die Dankbarkeit dafür, dass ich in angewiesener Freiheit entstanden, geboren und als Lebende ein Teil der Schöpfung bin, von der ich weiter geben kann. Gut zu handeln bedeutet, wie die Erde aus der Fülle der eigenen Möglichkeiten mitzuteilen im Vertrauen darauf, dass auch für mich gesorgt sein wird. Das Ziel guten Handelns ist gutes Zusammenleben als gelingender, nie endender Austausch von Ressourcen, Fähigkeiten, Bedeutungen und Sinn.

Die Nativität guten Handelns

Und du sollst fröhlich sein ob all dem Guten,
das Gott dir und deinem Hause gegeben hat.
(Dtn 26,11a)

Für ein wirklichkeitsgerechtes Nachdenken über gutes Handeln ist es wichtig, sich in jedem Moment darüber klar zu sein, dass Natur der menschlicher Kultur und dem Tun der einzelnen, dass Abhängigkeit der Selbständigkeit, dass Nichtwissen dem Wissen voraus geht und immer und überall die Bedingung bleibt, an die das Handeln gebunden ist. Dass herkömmliche Ethik diese unumkehrbare Reihenfolge häufig aus dem Blick verloren hat, werde ich im zweiten Teil dieses Buches ausführen:

Androzentrische Ethik beginnt selten mit dem Einbezogensein in die mir vorausliegende Welt, sondern mit Moral als Mittel der Naturbeherrschung, nicht mit Schwangerschaft, Geburt und Kindheit, sondern mit einem Erwachsensein, das scheinbar aus dem Nichts entsteht und sich an scheinbar weltlosen Maßstäben misst, nicht mit dem Vertrauen auf die Fülle, sondern mit der Angst vor Knappheit und der Frage, »was wir uns leisten können«. Wer gewohnheitsmäßig zweitrangige vor erstrangigen Fragen stellt, wird mit der Zeit das Beginnen mit dem wirklichen Beginn und damit auch die Verankerung guten Handelns im Vertrauen auf die Fülle des Vorgegebenen für naiv halten.

Der Begriff der *Naivität* wurde im 18. Jahrhundert aus dem Französischen ins Deutsche übernommen. Das französische Adjektiv *naif* seinerseits geht auf das lateinische *nativus* »durch Geburt entstanden; angeboren, natürlich« zurück.[12] In seiner Grundbedeutung bezeichnet der Begriff der Naivität also ein Denken, das mit Geburt und Kindheit beginnt und die anfängliche, sich zur bezogenen Eigenständigkeit entwickelnde Abhängigkeit als Modell des guten Handelns setzt. Die Gleichsetzung von Naivität mit nicht ernst zu nehmender Einfalt ist eine spätere Entwicklung, die sich nahtlos ins Bild der androzentrischen Abwertung des wirklichen Anfangs einfügt. Insofern die native Denkerin mit dem Ersten statt mit dem Zweiten beginnt, ist sie aber die wahre Realistin, jedenfalls die Realistin der Zukunft.

Im Sinne dieser Auslegung versteht sich meine postpatriarchale Ethik als natives Denken. Das bedeutet nicht, dass sie sich über die heute tatsächlich gegebenen Zustände hinweg setzen würde. Sie verfällt nicht dem Wahn, gutes Leben in Unschuld und unmittelbarer Naturverbundenheit sei inmitten der Hinterlassenschaften der vergehenden (Un)Ordnung möglich, sondern fragt nach Möglichkeiten guten Handelns in genau dieser vorhandenen Welt, die noch weitgehend und teilweise unumkehr-

12. Stichwort »naiv« in: Duden. Das Herkunftswörterbuch, Mannheim 1963.

bar von den entsprechenden Mechanismen geprägt ist: Wie können wir hier und jetzt, ohne das patriarchale Erbe zu verharmlosen, mit dem Ersten beginnen, mit der gegebenen Fülle, mit unserer nicht endenden Bezogenheit aufeinander, mit grundlegenden Bedürfnissen nach Essen und Trinken, Schutz, Geborgenheit und Sinn, und mit der Bereitschaft, uns mitzuteilen, so wie jede Mutter sich der Welt mitteilt, wenn sie ihr einen menschlichen Neuankömmling schenkt?

Nativ ist postpatriarchale Ethik auch in dem Sinne, dass sie auf die Wirksamkeit begrenzter Handlungen vertraut.[13] Weil Menschen geborene, verletzliche und sterbliche Wesen sind, ist die ihnen angemessene Form des guten Handelns selten die große Revolution, vielmehr ein zuversichtlich experimentierendes Verschieben und Zurechtrücken, Aufräumen, In-Ordnung-Bringen, Sich-Annähern, Wiederherstellen, das immer wieder erschöpft, von Pausen unterbrochen, fehlerhaft, auf Vergebung angewiesen und selten geradlinig im Sinne eines strikten Plans ist.[14]

In den vergangenen Jahrzehnten ist vielen Menschen bewusst geworden, dass Nativität in diesem Sinne eine Überlebensnotwendigkeit ist: Die Grenzen quantitativer Wachstumsprozesse sind seit der zweiten Hälfte des vergangenen Jahrhunderts in aller Munde. Neuanfänge sind notwendig, aber nur als partielle möglich. Dass Kriege um Öl die Frage nach der Entwicklung erneuerbarer Energien nur aufschieben, weiß jede, die ihre Ver-

13. Vgl. hierzu v.a. Sharon D. Welch 2000.
14. Vgl. dazu die Definition des Handelns ins Hannah Arendt 1981, 164-143. Vgl. auch die sich entwickelnde Philosophie des Labyrinthischen, z.B. in Ursula Knecht, Ein öffentlicher Frauenraum: Der Labyrinthplatz in Zürich, in: Michaela Moser/Ina Praetorius Hg. 2003, 72-83, und den Begriff der »Daseinskompetenz« (Ina Praetorius 2002, 108-122, und Ursula Senn-Bieri/Elisabeth Volkart-Annen/Denise Wassmann, Daseinskompetenz ist unverzichtbar in der Bildung, in: Michaela Moser/Ina Praetorius Hg. 2003, 276-286.)

nunft gebraucht. Neue weltschonende Techniken lassen sich aber nur schritt- und versuchsweise entwickeln. Dass große Revolutionen gesellschaftliche Widersprüche nicht aufgehoben, sondern meist in totalitären Systemen geendet haben, hat die Geschichte erwiesen. Bescheidenheit, Lust am Anfangen und Experimentierfreude sind in kulturellen Veränderungsprozessen zukunftsträchtiger als die Hoffnung auf den einen großen Umschwung der »Verhältnisse«.

Im ausgehenden Patriarchat gut zu handeln, heißt deshalb, vertrauensvoll und unbeeindruckt von Widersprüchen immer neue Anfänge in die Welt zu setzen, die das Zusammenleben auf die eine oder andere Art stützen und nähren wollen, wohl wissend, dass die und »der Handelnde so gut wie niemals die Ziele, die ihm ursprünglich vorschwebten, in Reinheit verwirklichen«[15] kann.

15. Hannah Arendt 1981, 174.

Drittes Kapitel
Tradition als Teil der Fülle und der Prozess der Tradierung

Unser Leben währet siebenzig Jahre,
und wenn es hoch kommt,
sind es achtzig Jahre,
und das meiste daran
ist Mühsal und Beschwer;
denn eilends geht es vorüber,
und wir fliegen dahin.
(Ps 90,10)

Weil Menschen nur für eine begrenzte Zeit auf der Erde leben,[1] sind sie darauf angewiesen, dass andere ihnen den Weg ins gute Zusammenleben weisen. So wie die Älteren den Jüngeren Nahrung geben, damit sie leben können, geben sie ihnen Worte, Geschichten, Weisungen, Vorbilder, damit sie sich als Neulinge in der Welt zurecht finden und ihr Zusammenleben mit anderen gut gestalten können. Täglich kommen Töchter und Söhne als Anfängerinnen und Anfänger des Menschlichen in die Welt und knüpfen als neue Generationen an die Geschichte und die Geschichten ihrer Vorfahrinnen und Vorfahren an. Gemeinsam bilden die aufeinander folgenden Generationen die Menschheit. Die Zeitspanne jedes individuellen menschlichen Lebens ist eingeordnet in den Kosmos, in eine Generationenfolge, in die von Menschen gemachte Dingwelt und in das »Bezugsgewebe mensch-

1. Ob Menschen vor ihrer Zeugung waren und nach ihrem Tod sein werden, entzieht sich ihrer Kenntnis. Zwar wird oft über ein mögliches Leben vor und nach der irdischen Existenz spekuliert. Ethik als Nachdenken über gutes menschliches Zusammenleben beschränkt sich aber sinnvollerweise auf die Zeitspanne zwischen dem Eintritt in die Welt und dem Tod des einzelnen Menschen.

licher Angelegenheiten«,[2] die sie überdauern und ihr Bedeutung geben. Vor jeder Moralkritik ist deshalb die Weisung der Älteren zu verstehen als Teil der anfänglichen Fülle, aus der sich gutes Handeln nährt.[3]

Die Generationenfolge

»Ehre deine Mutter und deinen Vater.«
(Ex 20,12a)

Angesichts dieser Beschaffenheit der menschlichen Existenz ist es nicht erstaunlich, dass die Generationenfolge im Nachdenken über das gute Leben lange eine wichtige Rolle gespielt hat.[4] Von den Eltern, allgemeiner ausgedrückt: den Älteren lernen Kinder, wie unvollkommen auch immer, die Grundbegriffe des guten Zusammenlebens: neben vielen kulturspezifischen Konventionen auch das, was Jürgen Habermas die »unausweichlichen Präsuppositionen«[5] des Miteinander Sprechens nennt: dass ich zum Beispiel eine andere Person nur verstehen kann, wenn ich ihr zuhöre, dass Verständigung nur gelingen kann, wenn die daran Beteiligten nicht vorsätzlich lügen usw. Zum moralischen Basiswissen gehört auch die häufig religiös abgestützte grundlegende Gewissheit, dass das Leben insgesamt einen Sinn ergibt, gehört die Überzeugung vom Eigenwert jedes Menschen und

2. Hannah Arendt 1981.
3. Die Wiederentdeckung dieses Verständnisses von Tradition, z.B. der Tora, ist für die postpatriarchale Weiterentwicklung der Ethik von großer Bedeutung. Vgl. Frank Crüsemann 2003, Gerd Theissen 1986.
4. Weshalb sie in der heute gängigen Ethik in den Hintergrund getreten ist, werde ich im zweiten Teil dieses Buches erläutern.
5. Jürgen Habermas 1983, 100.

bis zu einem gewissen Grade auch jeder nichtmenschlichen Kreatur,[6] gehören soziale Umgangsformen wie Versprechen, Verzeihen, Begründen, Geheim halten usw.

Die gelingende Überlieferung solcher Regeln des Zusammenlebens ist die Basis, auf die jedes Gemeinwesen, jede Institution, jedes theoretische Nachdenken, auch die globale Gemeinschaft sich verlässt.

Unabhängig davon, ob es sich um mündlich oder schriftlich überlieferte Weisung handelt, wird der Ursprung der erzählten oder zur Norm geronnenen Lebensweisheit traditionellerweise und nicht ohne Grund in einer fernen Vergangenheit, zum Beispiel im Wissen der Ahninnen und Ahnen verortet. Mit der schriftlichen Fixierung der Weisungen tritt allerdings ein neues Element in die Geschichte ein: die Regeln gewinnen Unabhängigkeit gegenüber der Überlieferung von Angesicht zu Angesicht. Als Schriftstück bilden sie einen Teil der Dingwelt, der das Dasein einzelner Menschen überdauert. So verstärkt sich die folgenreiche Vergegenständlichung der Rechte und Pflichten, die manchmal dazu führt, dass Menschen dem Wortlaut der Regeln Vorrang vor den Herausforderungen der jeweiligen Gegenwart einräumen und so den ursprünglich gemeinten Sinn des Gesetzes aus den Augen verlieren.[7] Wenn die Begründung der Weisung in Urzeit- und Göttermythen selbst Teil der Schrift wird, verstärkt sich die Loslösung der Regeln von ihrem konkreten Alltagsbezug. Ein prominentes Beispiel für die göttliche Autorisierung einer schriftlichen Weisung ist die Geschichte von Mose, der die Gesetzestafeln der Tora auf dem Berg Sinai aus Gottes Hand entgegen nimmt und dem Volk überbringt (Ex 24-31). Auch in der modernen Ethik haben sich Ursprungsmythen etabliert, etwa in Form des Kantianismus oder des Marxismus. Solche Geschichten von einem unantastbar heiligen Ur-

6. Vgl. Ina Praetorius, Die Würde der Kreatur. Ein Kommentar zu einem neuen Grundwert, in: dies. 2000, 97-137.
7. Vgl. Kap. 4.

sprung eines Gesetzes oder einer Methode der Normsetzung sind wohl in allen Kulturen zu finden. Sie stabilisieren das Zusammenleben der Menschen, die sich auf die entsprechende Weisung verpflichten, bergen gleichzeitig die Gefahr in sich, dass ein Regelwerk sich als unantastbares Heiligtum etabliert, das Angst einflößt und nur noch wenig Raum lässt für das, was jede Regel braucht, um ihren Zweck zu erfüllen: dass nämlich die in der jeweiligen Gegenwart lebenden Menschen »das, was die Sprache ... zum Gedanken gefroren hat, wieder ... auftauen«,[8] um es im Dienst der liebenden Gestaltung einer unverwechselbaren Gegenwart zu nutzen.

Bezogenheitsbewusstsein – Dankbarkeit – Frömmigkeit[9]

Danket Gott, denn Gott ist freundlich,
und Gottes Güte währet ewig.
(Ps 107,1)

Ungeachtet solcher Gefährdungen steht aber am Anfang des guten Handelns nicht nur das Staunen angesichts der gegebenen natürlichen Fülle, sondern auch das Bewusstsein der Angewiesenheit auf all das, was andere Menschen gedacht und getan haben, bevor ich zur Welt kam: zuerst dafür, dass meine Mutter Ja gesagt hat zu meiner Existenz, und dann für das unendlich reichhaltige Zusammenwirken, das meine Welt gebildet hat, bevor ich selbst zu wirken begonnen habe. Gut zu handeln setzt in diesem Sinne auch voraus, dass ich mich an überlieferte Regeln gebunden weiß, weil ich mir, allen möglichen Verzerrungen zum Trotz, ihres Ursprungs im Wunsch meiner Vorfahrinnen und Vorfahren bewusst bin, das Zusammenleben gedeihlich zu gestalten.

8. Hannah Arendt 1994, 143.
9. Vgl. zu diesem Abschnitt v.a. Dorothee Markert 2002.

Dankbarkeit dem mir Vorausgehenden und Unverfügbaren gegenüber ist kein altmodisches Gefühl, sondern eine realistische Einstellung dem Leben und der Welt gegenüber. Oft als Hindernis für freie Entscheidungen missverstanden ist Dankbarkeit in Wahrheit die Vorgabe, von der her sich angemessene Entscheidungen verstehen. Ein wesentlicher Maßstab für die Güte einer Handlung ist von hier aus gesehen, ob sie das Zusammenleben der Menschen so nährt, wie auch ich von den Gaben der Natur, von meiner Mutter und von anderen Menschen genährt und angeleitet wurde, um da sein und tätig werden zu können.

Das Patriarchat hat die Dankbarkeit aber weitgehend in familiäre Innenräume abgeschoben und privatisiert.[10] Angesichts der grundlegenden Bedeutung des Bezogenheitsbewusstseins für gutes Handeln ist an dieser Stelle ein Prozess der Enttrivialisierung[11] notwendig: Aus den Fesseln der Sentimentalität gelöst kann Dankbarkeit sich transformieren in eine politische Kultur.[12] Eine solche Kultur entsteht nicht von selbst. Frauen und Männer müssen sie bewusst wünschen und kultivieren als Alternative zu den eingespielten Verhaltensweisen des Zynismus und der Identitätsvergewisserung durch Abgrenzung, die heute noch allerorten die Unkultur des Krieges begünstigen.

Dankbarkeit geht in Frömmigkeit über, denn »Gott« ist eine

10. Privat von lat. privare = berauben: Dankbarkeit wurde ihrer kosmischen und politischen Bezüge *beraubt*.
11. Vgl. Ina Praetorius, Nicht trivial noch sentimental. Ein Versuch über Ent-Trivialisierung als Methode in der Frauenforschung, in: dies. 1995, 58-65. Vgl. auch Heidi Bernhard Filli u.a. 1994, 19-23 und 103-120.
12. Vgl. zu diesem Gedanken auch die »anerkennungstheoretische Wende« in der Kritischen Theorie, ausgeführt z.B. in Nancy Fraser/Axel Honneth 2003. Obwohl der Begriff der »Anerkennung« philosophiegeschichtlich weit von dem entfernt ist, was ich hier mit Dankbarkeit und Frömmigkeit meine, lässt sich in Axel Honneths Auslegung des Begriffs eine Annäherung an das hier Gemeinte lesen.

alte Chiffre für das große Unverfügbare, das vor mir da war und auch nach mir da sein wird. In diesem Wort ist all das zusammengefasst, was ich nicht mir selbst verdanke, was ich nicht begreifen und kontrollieren kann, von dem ich mir deshalb kein Bild machen soll und von dem ich hoffe, dass es einen guten Sinn ergibt:[13] das Tätigsein naher und ferner Vorfahrinnen und Zeitgenossen ebenso wie der Lebensraum, innerhalb dessen dieses Tätigsein erst möglich wurde und wird. Weil das Bezugsgewebe menschlicher Angelegenheiten komplizierter ist als »ein ungeheuer kompliziertes Schachbrett«,[14] weil ich deshalb oft nicht wissen kann, welcher Mensch mir Gutes getan hat, weil das Tun jedes einzelnen Menschen eingehüllt ist in die unermessliche Fülle des schon Vorhandenen, ist in der Bibel selten von Dankbarkeit bestimmten Menschen gegenüber, umso mehr vom Dank für Gottes Güte die Rede.[15] Als eine Form von umfassendem Bezogenheitsbewusstsein verstanden, das über konkrete Beziehungen hinaus weist in ein Jenseits, das weiter ist als meine Vernunft, ist Frömmigkeit eine wesentliche Voraussetzung guten Handelns.[16]

13. Andrea Günter 2000, 69-72.
14. Hannah Arendt 1981, 184.
15. Vgl. Magdalene Frettlöh 2004.
16. Vgl. Ina Praetorius, Das fromme Subjekt, in: dies. 2002, 61-78.

Die Wiederbelebung der Worte in Freiheit

Aber es ströme wie Wasser das Recht,
und die Gerechtigkeit wie ein unversieglicher Bach.
(Am 5,24)

So wie ein Kochrezept noch keine Mahlzeit und ein Schnittmuster noch kein Kleid ist, wird auch aus moralischer Überlieferung gutes Leben erst durch freies Tun. Ein gutes Essen entsteht, wenn ich die Anweisungen des Rezepts – mehr oder weniger – befolge, um die Nahrungsmittel, die mir hier und jetzt zur Verfügung stehen, sachgerecht zu etwas zu kombinieren, das allen Beteiligten schmeckt und bekommt und das in exakt dieser Zusammensetzung noch nie vorher da war. Ihr Ziel erreichen die Worte der Weisung dann, wenn lebendige Menschen sie aufgreifen und schöpferisch zu den Umständen ihrer je einzigartigen Gegenwart in Beziehung setzen, indem sie etwas Eigensinniges tun.

Dieser notwendige Schritt vom überlieferten Wort zur geistesgegenwärtigen Tat ist mehrfach Thema der biblischen Prophetie, vielleicht deren eigentliche Aufgabe.[17] So kritisiert Gott zum Beispiel durch den Mund des Propheten Amos die Kultpraxis des Volkes, die zwar buchstabengetreu dem Gesetz folgt, aber das Ziel des guten Zusammenlebens aus dem Blick verloren hat:

Hinweg von mir mit dem Lärm deiner Lieder! Das Spiel deiner Harfen mag ich nicht hören! Aber es ströme wie Wasser das Recht, und die Gerechtigkeit wie ein unversieglicher Bach! (Am 5,23 f).

Im Bild des fließenden Wassers ist ausgedrückt, dass Gerechtigkeit sich weder machen noch festhalten, sondern nur immer neu in Bewegung setzen lässt.

17. Irmtraud Fischer 2002, 39-62.

In dieser prophetischen Tradition steht die rabbinische Schriftauslegung und mit ihr auch die jesuanische Radikalisierung des Gesetzes:

Der Sabbat ist um des Menschen willen geschaffen worden und nicht der Mensch um des Sabbats willen. (Mk 2,27b)

Im paulinischen Denken ist der Zusammenhang gefasst im Verhältnis von Buchstaben und Geist: *Der Buchstabe tötet, der Geist aber macht lebendig. (2 Kor 3,6b)* und in der Gegenüberstellung vom leeren Wort und der Liebe:

Wenn ich mit den Zungen der Menschen und der Engel rede, habe aber die Liebe nicht, so bin ich ein tönendes Erz oder eine klingende Schelle. (1 Kor 13,1)

»Liebe« im biblischen Sinne bedeutet demnach, die Weisheit der Älteren geistesgegenwärtig in einer noch nie da gewesenen Gegenwart lebendig werden zu lassen.

Weil solche Geistesgegenwart oft zu überraschenden Taten führt, kann sie als Affront gegen die Weisung der Alten aufgefasst werden und wird tatsächlich oft so verstanden. Weil Situationen sich nicht wiederholen, sondern in jeder neuen Gegenwart die Weisung in eigener Verantwortung neu ausgelegt werden will, sind Konflikte zwischen den Generationen kaum zu vermeiden. Im Neuen Testament steht dafür zum Beispiel die Erzählung, in der Jesus seine Familie zurück weist. Die Begründung, weshalb er sich von seinen Verwandten nicht heim holen und disziplinieren lässt, heißt:

Denn wer den Willen meines Vaters in den Himmeln tut, der ist mir Bruder und Schwester und Mutter. (Mt 12,50)

Der göttliche Anspruch auf geistesgegenwärtige Liebe wird hier dem Anspruch irdischer Väter auf Gehorsam übergeordnet.

Was das moderne juridische Recht angeht, haben die Begründerinnen und Begründer des Rechtsstaats Verfahren entwickelt, die der notwendigen Wiederbelebung der überlieferten Worte in jeder neuen Gegenwart dienen sollen: Aus dem Prozedere von Anklage, Verteidigung, ZeugInnenanhörung etc., das auf den Rechtsspruch zielt, entstehen immer wieder neue Realisierungen des Rechts in je neuen Umständen, die idealerweise allen Beteiligten zugute kommen. Die moralische Überlieferung, die immer nur zu einem Teil Eingang ins staatliche Recht findet, ist auf vergleichbare Formen des Aushandelns angewiesen.[18] Wie die Realität der Rechtsprechung immer wieder vor Augen führt, lässt sich allerdings auch mit den besten Verfahrensregeln die Tatsache nicht aus der Welt schaffen, dass gutes Handeln als je einzigartiger Akt von einer einzelnen Person verantwortet wird. Dieses Risiko[19] des Handelns in Freiheit lässt sich nicht vermeiden, nur einbetten in ein kulturelles Gefüge, das den Handelnden Hilfestellung gibt in Form von Bildung, Beratung, Kritik, vor allem in Form von Vergebung.[20]

Nicht von ungefähr hat das Attribut »moralisch«, bezogen auf eine Person oder auf eine Tat, alltagssprachlich einen negativen Beiklang. »Moralisch« nennen wir einen Menschen, der überkommene Regeln wichtiger nimmt als die einzigartigen Erfordernisse der jeweiligen Gegenwart. Aus Trägheit, Konfliktscheu, Sicherheitsbedürfnis oder Konservatismus bringt er oder sie die Geistesgegenwart nicht auf, die Worte der Überlieferung zur jeweiligen Situation prophetisch in Beziehung zu setzen. Das Ergebnis nur moralischen Handelns ist wie ein Kleid, das nicht sitzt, weil die Näherin zwar exakt nach dem Schnittmuster gearbeitet, nicht aber bedacht hat, dass jeder Mensch einen unverwechselbaren Körper mit unverwechselbaren Maßen hat. Im

18. Die in diesem Zusammenhang übliche Rede von der »Umsetzung« bzw. »Anwendung« der Normen führt allerdings in die Irre und verweist auf das idealistische Missverständnis der Priorität der Norm vor der Situation. Vgl. dazu Kap. 4 und 10.
19. Vgl. Sharon D. Welch 2000.
20. Zur Bedeutung der Praxis des Vergebens als notwendiger Bedingung der Freiheit vgl. Hannah Arendt 1981, 231-243. Vgl. auch Kap.8.

Gegensatz zum moralischen Handeln verstehe ich unter gutem Handeln die Kunst, im Bewusstsein der Unvergleichlichkeit jeder Gegenwart die überlieferten Worte so ins Spiel zu bringen, dass eine möglichst bekömmliche und genussreiche Situation für alle entsteht, wobei Konflikte so notwendig zur Situation gehören wie das Salz zur Suppe.[21]

Herkommen und Liebe in einer sich globalisierenden Welt

Die Liebe ist aus Gott,
und jeder, der liebt, ist aus Gott gezeugt und erkennt Gott.
(1 Joh 4,7b)

Vielleicht ist es schwieriger, heute gut zu handeln als in früheren Zeiten. Viele glauben jedenfalls, dass die Menschen früher in feste Lebensformen eingebettet waren, die es ihnen erleichterten, gut zu handeln.

Allerdings lebten auch schon die Ahnmutter Sara, die Apostelin Maria Magdalena und die Theologin Hildegard von Bingen in multikulturellen Welten. Im Palästina der Zeitenwende zum Beispiel mischten sich hellenistische und jüdische, römische und altorientalische, matriarchale, patriarchale und emanzipatorische Traditionen und mehr. Auch das europäische Mittelalter war eine vielschichtige Kultur und kaum so finster, wie manche es gern hätten, um Reformation und Aufklärung in umso hellerem Licht erstrahlen lassen zu können. Nicht erst

21. Nicht umsonst hat Immanuel Kant seiner »Kritik der praktischen Vernunft« eine »Kritik der Urteilskraft« folgen lassen, deren Interpretation für das ethische Nachdenken allerdings noch weitgehend aussteht.

Frauen und Männer zu Beginn des 21. Jahrhunderts müssen sich in vielschichtigen Situationen zurecht finden.

Ich betrachte die Welt zu Beginn des dritten Jahrtausends nach Jesu Christi Geburt als ein Durcheinander – nicht Übereinander oder Nebeneinander – verschiedener Kulturen, die sich zwar künstlich voneinander unterscheiden, nicht aber dauerhaft voneinander abgrenzen lassen. Durch die Vielzahl von Begegnungsmöglichkeiten – in Tourismus, Migration, binationalen Beziehungen, multikulturellen Nachbarschaften, internationalen Organisationen, globalem Business etc. – eignen sich die Individuen ständig neue Handlungsformen an und bauen sie schöpferisch ins eigene Herkommen ein. Gleichzeitig wächst »der Fundus an kulturellen Universalien« und damit ein »weltweites Referenzsystem«.[22] Die Menschenrechte zum Beispiel sind zwar vermutlich westlichen Ursprungs, werden aber längst interkulturell debattiert und weiter entwickelt.[23] Internationale Rechtsnormen, weltweit beachtete Veranstaltungen wie die Olympischen Spiele oder die Konferenzen der UNO, mediale Standardpraxen wie die Fernsehnachrichten oder der Wetterbericht, Weltmusik, Weltliteratur, weltweit verbreitete Geist-Körper-Übungen wie Tai Chi oder Yoga, die Themen des Feminismus usw. bilden Traditionen, auf die sich heute schon große Teile der Menschheit gemeinsam beziehen können.

Zwar kann kein Zweifel daran bestehen, dass die vielfältigen Globalisierungsprozesse bis heute nicht dazu geführt haben, dass das Elend der Menschen sich insgesamt verringert hätte. Zwar drängt sich seit langem die westliche Zivilisation mit ihrer ökonomischen und technischen Durchbrechermentalität ande-

22. Joana Breidenbach/Ina Zukrigl 2000, 205 f. Vgl. auch Maria Katharina Moser in: Ina Praetorius Hg. 2005.
23. Vgl. zur permanenten Reformierbarkeit liberaler Grundgedanken: Martha C. Nussbaum, Die feministische Kritik des Liberalismus, in: dies. 2002, 15-89.

ren Kulturen gewaltsam auf, die ihrerseits durch die Tatsache des Unterdrücktseins nicht menschenfreundlicher werden. Gewichtige Teile des globalen Referenzsystems – von den gängigen Formen der Demokratie bis hin zu global verbreiteten Waren, Medien, Wissensformen und Verhaltensweisen – stammen aus der westlichen Hemisphäre, seit dem Ende des Zweiten Weltkrieges insbesondere aus den USA. Die Gefahr sogenannter Verwestlichung der gesamten Welt ist vor allem dann gegeben, wenn die entsprechenden AkteurInnen ihre Standards mit ökonomischer oder militärischer Gewalt durchsetzen oder durchzusetzen versuchen. Gerade die jüngere Vergangenheit zeigt aber, dass auch der friedliche wie der gewaltsame Widerstand gegen solche kulturelle Überformung sich globalisiert. Zudem erweisen sich bestimmte Werte und Praxen, die oft als »westlich« bezeichnet werden, bei genauerem Zusehen als Erbe einer bereits in früheren Zeiten global vernetzten Kultur. Deshalb scheint mir die Vorstellung des Durcheinanders der Kulturen die Weltsituation im ausgehenden Patriarchat offener und damit besser darzustellen als die weit verbreiteten eisern optimistischen oder pessimistischen Bilder einer leuchtenden oder pechschwarzen Globalisierung.

Gut zu handeln bedeutet in der sich globalisierenden Welt des 21. Jahrhunderts jedenfalls wie vor zweitausend oder dreitausend Jahren, sensibel für die Bedürfnisse aller Beteiligten, respektvoll auch gegenüber Handlungen und Entscheidungen, die als fremd empfunden werden, gesprächs- und konfliktbereit, in dankbarem Bezug auf das eigene Herkommen, in Liebe zum Hier und Jetzt und im Vertrauen auf die eigene Schöpferkraft die Welt zu gestalten. Jede gute Handlung hat ein Herkommen und ist kreativ.

2. Teil
Abschied vom Patriarchat

Viertes Kapitel
Androzentrische Ethik: vergessliche Ethik

In westlichen Gesellschaften hat sich über viele Jahrhunderte eine Gestalt des Nachdenkens über gutes Leben und Zusammenleben als maßgeblich etabliert, die ins Zentrum nicht den schöpferischen Umgang mit dem Herkommen, sondern den Gehorsam stellt, sei es im Sinne der bewusstlosen Anpassung an ein überliefertes Gesetz oder der Übereinstimmung mit verallgemeinerten Vernunftprinzipien. Diese gängige Ethik, von der ich mich in diesem und in den beiden folgenden Kapiteln verabschiede, neigt dazu, grundlegende Realitäten wie Naturgebundenheit, Geburt, Kindheit und Verletzlichkeit als animalische »Fessel unseres Menschentums«[1] gering zu schätzen und einem scheinbar höher stehenden Gesetz unterzuordnen. Ethik, wie sie zum Beispiel heute noch an den meisten Universitäten oder in den allerorten einberufenen Ethik-Kommissionen betrieben wird, ist also meist etwas anderes als das, was ich im ersten Teil dieses Buches skizziert habe. Ihr liegen bestimmte Vorstellungen von Welt, Mensch, Gott, Sprache, Vernunft, Gesetz, Gefühl usw. zugrunde, die nicht die meinen und die gekoppelt sind an ein bestimmtes Verständnis der Geschlechterdifferenz, das ich das androzentrische nenne.

Der Begriff »Androzentrismus«[2] leitet sich ab vom griechischen Wort für »Mann«(*aner*) und bedeutet Mann-Zentriertheit. Nach Elisabeth Schüssler Fiorenza ist der Androzentrismus die »Weltanschauung«, die das sozio-kulturelle System Patriarchat stützt und erhält, indem sie es durch bestimmte »Konstruktionen der Wirklichkeit«[3] legitimiert. Die androzen-

1. Wolfgang Trillhaas 1970, 191; vgl. Ina Praetorius 1994, 153 f.
2. Vgl. Art. »Androzentrismus« in WFTh 1991 und 2002. Vgl. auch Elisabeth Schüssler Fiorenza 1988a; Ina Praetorius 1994, 13-30.
3. Elisabeth Schüssler Fiorenza 1988a, 62.

trische Weltsicht war und ist in der Gesellschaftsform Patriarchat zwar nie unumstritten gültig. Woher sollte ich sonst die Anknüpfungspunkte für ein anderes Denken nehmen? Aber als Denkform war sie in den vergangenen Jahrhunderten dominant und ist es, wenn ich die offizielle Wahrheitsproduktion in Politik, Medien, Wirtschaft, Kirche etc. als maßgeblich ansehe, noch heute.

Grundlagen des Androzentrismus

Wie und wo die androzentrische Weltsicht entstanden ist, lasse ich offen.[4] Eine deutliche denkerische Ausprägung hat sie jedenfalls in der Gesellschaft gewonnen, die als die Wiege der westlichen Kultur gilt: in der griechischen Antike. Häufig wird in diesem Zusammenhang der Name Parmenides genannt.[5] Im Denken des Aristoteles, dessen Verknüpfungen von biologischen, politischen und ethischen Gesetzmäßigkeiten bis heute wirkmächtig sind, hat der Androzentrismus eine ausformulierte Gestalt angenommen.

In seinen naturphilosophischen Schriften setzt Aristoteles aufgrund bestimmter Beobachtungen, die sich inzwischen als falsch erwiesen haben, das Männliche als das formende Prinzip, das Weibliche als den Stoff, der geformt wird.[6] Diese Bestim-

4. Es gibt zu dieser Frage unterschiedliche Hypothesen. Von der gewaltsamen Abschaffung eines ursprünglichen Matriarchats über die These eines allgegenwärtigen männlichen Gebärneides bis hin zur Behauptung natürlicher männlicher Aggressivität oder eines ursprünglichen Frauenraubs als Gründungsakt der Geldökonomie lassen sich in der Literatur Begründungen finden.
5. Z.B. Hannah Arendt 1994, 15; Luisa Muraro 1993, 12.
6. Ausführlicher zu diesem Zusammenhang: Ina Praetorius 1994, 82 ff.

mung wird zur Grundlage der Werthierarchie, die er in seiner »Politik« entwickelt:

»Endlich verhält sich Männliches und Weibliches von Natur so zueinander, dass das eine das Bessere, das andere das Schlechtere und das eine das Herrschende und das andere das Dienende ist.«[7]

In dieser Verknüpfung der Geschlechterdifferenz mit der Unterscheidung von »gut« und »schlecht«, »herrschend« und »dienend« ist bereits der Grundgedanke einer Zweiteilung der Welt entlang der Geschlechtergrenze erkennbar: Fortan neigt man dazu, die Wirklichkeit in Form von zwei unveränderlichen Sphären wahrzunehmen, deren eine als höher und männlich, deren andere als niedrig und weiblich erscheint. Schon in den Schriften des Aristoteles selbst wird deutlich, wie sich diese Zweiteilung zu einer umfassenden symbolischen Ordnung weiter entwickelt, die bis hin zum Göttlichen alle wesentlichen Begriffe entlang der Grenze zwischen Männlichem und Weiblichem einrichtet:

»Da nun die erste Quelle der Bewegung in ihrem Wesen immer höher steht und göttlicher ist, die den Begriff und die Gestalt des Stoffes in sich befasst, und da es sich empfiehlt, das Höhere von dem Geringeren zu trennen, deswegen ist überall, wo und wie weit es möglich ist, vom Weiblichen das Männliche getrennt. Denn ranghöher und göttlicher ist der Bewegungsursprung, der als männlich in allem Werdenden liegt, während der Stoff das Weibliche ist.«[8]

Die Lehren des Aristoteles haben die Entwicklung der abendländischen Kultur maßgeblich beeinflusst. Vermutlich haben sie Gedanken präzise auf den Begriff gebracht, die in den sich patriarchal organisierenden Gesellschaften des Mittelmeerraums bereits verbreitet waren. Auch im Neuen Testament, das ja in griechischer Sprache in einem hellenisierten Umfeld verfasst wurde, finden sich verwandte Denkstrukturen. Früh-

7. Aristoteles, Politik (1981), 10.
8. Aristoteles, Über die Zeugung der Geschöpfe, Buch II (1981), 72.

christliche Pflichtenkataloge zum Beispiel sind oft geprägt von der charakteristischen Parallelisierung unterschiedlicher Unterordnungsverhältnisse, die die androzentrische Ordnung bis heute durchzieht:[9]

Seid einander untertan in der Furcht Christi. Ihr Frauen, seid untertan euren Männern wie dem Herrn! Denn der Mann ist das Haupt der Frau, wie auch Christus das Haupt der Kirche ist ... Wie nun aber die Kirche Christus untertan ist, so sollen es auch die Frauen ihren Männern in allem sein. (Eph 5,21-24)

Viele Leitfiguren der Frühen Kirche haben sich dieser Methode angeschlossen, die Bibel im Sinne der griechischen Lehre vom abgestuften unveränderlichen Sein auszulegen.[10]

Die androzentrische Ordnung

Im europäischen Mittelalter wurden die Schriften des Aristoteles neu entdeckt und so begierig aufgenommen, dass man ihn zuweilen einfach als »den Philosophen« bezeichnete. Zwar gab es immer wieder Frauen und Männer, die der Idee von der Zweiteilung der Welt widersprachen, die zum Beispiel die Selbstoffenbarung Gottes als ICH BIN DA[11] gegenüber der Festlegung des Göttlichen auf ein höheres männliches geistiges Prinzip verteidigten.[12] Dennoch hat sich die latent geschlechtsgebundene griechische Seinslehre in Verbindung mit biblischen Patriarchalismen zu der androzentrischen Ordnung

9. Vgl. z.B. Ulrike Wagener 1994.
10. Vgl. Heinz Rothenbühler 1998.
11. Ex 3,14 nach der Übersetzung Martin Bubers.
12. Es ist im wesentlichen der feministischen Geschichtsschreibung zu verdanken, dass uns solche Stimmen heute – neben den schier unendlichen Abwertungen des Weiblichen – wieder zugänglich sind. Vgl. z.B. Elisabeth Gössmann 1984 ff; Elisabeth Moltmann-Wendel 1983 u.a.m.

verfestigt, die auch die europäische Aufklärung überdauert hat und bis heute Vorstellungen von der gleichen Würde aller Menschen unterläuft. An die ursprüngliche Idee von einem höheren geistigen freien unverletzlichen starken Männlichen und einem niedrigen körperlichen abhängigen verletzlichen schwachen Weiblichen, die schon Aristoteles selbst in Beziehung gesetzt hat zum Verhältnis zwischen Freien und Sklaven, Athenern und Ausländern, Lehrern und Schülern oder Vätern und Kindern, schließen sich immer neue analoge Gegenüberverhältnisse an: Man unterscheidet heute im Abendland, meist ohne sich viel dabei zu denken, zwischen Kultur und Natur, Logos und Mythos, Geist und Körper, Kopf- und Handarbeit, Öffentlichkeit und Privatheit, Freiheit und Bedürftigkeit, Vernunft und Gefühl, Wissen und Glauben, Gesetz und Liebe, Gott und Welt, Gut und Böse, Zivilisation und Barbarei, Okzident und Orient, Wirtschaft und Sozialem, Geld und Leben, System und Lebenswelt und assoziiert dabei unwillkürlich Verhältnisse, die denjenigen von Mann und Frau im bürgerlich-patriarchalen Modell der Ehe entsprechen: Der Mann als der vernünftige, freie, im öffentlichen Leben tätige Menschentyp leitet und dominiert die Frau, die im abhängigen, als zyklisch-geschichtslos missverstandenen Privatbereich für die Erfüllung alltäglicher materieller Bedürfnisse und die Erhaltung der Gattung sorgt. Jeweils der eine Pol des Dualismus – Gott, Logos, Geist, Freiheit, Wissen, Kultur, Okzident ... – wird an Männlichkeit gekoppelt und als Höheres einem niedrigeren Bereich – Welt, Mythos, Körper, Bedürftigkeit, Glauben, Natur, Frau, Alltag, Orient ... – übergeordnet. Allmählich beginnen die so entstehenden Reihen sich gegenseitig zu definieren und zu bestätigen: Es entsteht eine zusammenhängende, in sich schlüssige Weltsicht, die sich nur als Ganze in ihrer Funktionsweise durchschauen und außer Kraft setzen lässt.[13]

13. Dass die Struktur zuweilen »kippt« zum Beispiel in der romantischen Idee eines hinanziehenden Ewigweiblichen oder in be-

Die hierarchisch-dualistische Verhältnisbestimmung der Geschlechter hat also Modell gestanden für eine bestimmte Sicht der Wirklichkeit, die die Wahrnehmung auch dann beeinflusst, wenn nicht ausdrücklich von Frauen und Männern, sondern von beliebigen anderen, zum Beispiel ethischen Themen die Rede ist. Zwar sind die untergründig geschlechtsgebundenen Dualismen, derer sich Kant[14] ebenso bediente wie Marx,[15] Luther ebenso wie Freud,[16] heute in Auflösung begriffen. Aber man hat sich so nachhaltig an sie gewöhnt, dass es noch immer schwierig ist, Wirklichkeit ohne den Rückgriff auf die begrifflichen Ehepaare zu beschreiben.

Androzentrische Ethik

Hast du Verstand und ein Herz, so zeige nur eines von beiden,
Beides verdammen sie dir, zeigest du beides zugleich.
(Friedrich Hölderlin)

Die heute noch gängige Ethik ist ein Teil der androzentrischen Ordnung. Dass bis vor etwa zwei Jahrzehnten nahezu ausschließlich Texte von Männern ins kanonisierte Schulwissen der

stimmten Formen der katholischen Mariologie, ändert nichts an der Tatsache, dass zwischen Höherem und Niedrigem entlang der Geschlechtergrenze unterschieden wird. Allerdings ist es durchaus von Belang, dass »die Mutter« häufig nicht als begrenztes geborenes Subjekt anerkannt, sondern als gottgleiche Machtfülle phantasiert wird, was möglicherweise eine Erklärung für die ansonsten schwer erklärbare zwanghafte Abwertung des Weiblichen enthält.

14. Vgl. Ursula Pia Jauch 1988.
15. Vgl. z.B. Christel Neusüss 1985.
16. Vgl. Luce Irigaray 1980, Nancy Chodorow 1985 u.v.a.m.

Disziplin Ethik – wie der meisten anderen universitären Fachrichtungen – Aufnahme gefunden haben, ist dafür nur ein äußeres Indiz. Allerdings hat die Tatsache des jahrhundertelangen Ausschlusses der Frauen aus der offiziellen Wissensproduktion faktisch dazu geführt, dass androzentrische Vorurteilsstrukturen lange unerkannt geblieben sind, obwohl ihre Kritik auch Angehörigen des männlichen Geschlechts möglich gewesen wäre.

Die Moraltheologie oder Theologische Ethik[17] sieht ihre Aufgabe im allgemeinen darin, »vom Zuspruch und Anspruch Gottes her«, wie er in den biblischen Schriften bezeugt ist, etwas darüber auszusagen, »was alle Menschen in ihrer Lebensführung binden kann.«[18] Abgesehen von bestimmten Entwicklungen der jüngeren Vergangenheit sprechen christliche Ethiker daher oft eine unverstellt normative Sprache, die sich auf alle Bereiche des menschlichen Zusammenlebens – von Fragen der Sexualität und der Kindererziehung bis hin zur Weltwirtschaft und Weltpolitik – bezieht. Die Zweiteilung der Welt äußert sich in ihrem Fall vor allem darin, dass sich die Art der Auseinandersetzung mit den traditionell männlich besetzen Lebensbereichen – Geldökonomie, Erwerbsarbeit, Staat, Militär etc. – deutlich vom Zugang zur »weiblichen« Domäne Ehe und Familie unterscheidet: Während im Zusammenhang mit ethischen Streitfragen im öffentlichen Raum ausführlich über konkurrierende Normen, die daraus entstehenden Gewissenskonflikte und Güterabwägungen und das klassische theologische Problem von »Gesetz und Evangelium« raisonniert wird, erscheint die als wesentliches Betätigungsfeld der Frau betrachtete Privatsphäre eher als naturgesetzlich funktionierende »vorpolitische Gemeinschaftsform«,[19]

17. Im katholischen Kontext heißt die Teildisziplin Ethik traditionellerweise »Moraltheologie«, im protestantischen »Theologische Ethik«.
18. Christofer Frey 1990, XI.
19. Wolfgang Trillhaas 1970, 316.

in der harmonische »Urbeziehungen«[20] das Zusammenleben regeln in diesem Sinne: »Was vollkommen natürlich und selbstverständlich ist (dass sich z.B. Eltern und Kinder lieben), braucht nicht vertraglich geregelt zu werden.«[21] Hinzu kommt, dass die traditionell männlichen Tätigkeits- und Konfliktfelder – getreu der aristotelischen Gleichsetzung des Männlichen mit dem Allgemeinmenschlichen – als die eigentlich gewichtigen erscheinen, denen gegenüber sich alles Weibliche »harmlos«[22] ausnimmt. Die unterschiedliche Herangehensweise an »Menschliches« und »Weibliches« führt dazu, dass »die Frau« weniger als handlungsfähige Person denn als instinktgeleitetes Naturwesen in den Blick kommt. Da zudem Konfliktfelder, die in vielen weiblichen Alltagen eine wichtige Rolle spielen – Haus-, Fürsorge- und Beziehungsarbeit, sexuelle Gewalt, Vereinbarkeit von privatem und öffentlichem Tätigsein etc. – fast gänzlich ausgespart bleiben, ist es nicht verwunderlich, dass denkende Frauen von traditioneller theologischer Ethik heute keine Orientierung mehr erwarten.[23] Dass die Auslegung biblischer Weisung im Sinne statischer »Normen und Werte« am Aussageinteresse der biblischen Texte[24] vorbei zielt, ist offensichtlich.

Theologische Ethik wird im Westen seit der Aufklärung nicht mehr als maßgeblich anerkannt, allerdings nicht wegen ihrer durchgehend androzentrischen Struktur, sondern weil sie sich an bestimmte historische Offenbarungen bindet und damit nicht alle, sondern nur die entsprechend gläubigen Menschen überzeugen kann. Die von Immanuel Kant wohl erstmals aus-

20. Helmut Thielicke1986b, 392.
21. Helmut Thielicke 1965, 637.
22. Vgl. Helmut Thielicke, zitiert in: Ina Praetorius 1994, 125.
23. Zu einer ausführlichen androzentrismuskritischen Analyse theologischer Ethik vgl. Ina Praetorius 1994.
24. Vgl. Kap. 2 dieses Buches. Zur Differenz von biblischer Weltsicht und ontologisierender Auslegung vgl. Heinz Rothenbühler 1998, Klara Butting 2001 u.a.

führlich diskutierte Frage, wie sich das Moralgesetz metaphysikfrei, d.h. unabhängig vom Glauben an eine bestimmte Offenbarung formulieren und begründen lässt, ist zwar bis heute nicht zur allgemeinen Zufriedenheit beantwortet. Da sich Entscheidungen über praktische moralische Streitfragen aber nicht aufschieben lassen, bis ein Konsens der Vernünftigen erreicht ist, hat sich vorläufig eine liberalistische Denkart als Hauptstrom der akademischen Ethik etabliert: Sie setzt die androzentrische Tradition insofern fort, als sie im allgemeinen zwischen einer öffentlich und rational zu regelnden Sphäre der Gerechtigkeit und einem privaten »guten Leben« unterscheidet, das außerhalb des Gegenstandsbereiches der Ethik angesiedelt und als persönlicher Freiheitsspielraum des Einzelnen aufgefasst wird.[25] Für den (männlich-)menschlichen Bereich der Ethik stehen Begriffe wie Gesetz, Norm, Logik, Vernunft, für den »weiblichen« Natur, Liebe, Tugend, Erzählung etc. Zwar baut der Liberalismus auf das Prinzip der Gleichheit aller Menschen nicht nur vor Gott, sondern auch vor dem Gesetz. Dieses Prinzip allerdings wird, wie zahlreiche Detailanalysen erwiesen haben,[26] immer wieder von dem Vorurteil unterlaufen, dass es wichtigere und weniger wichtige Menschen und Lebensbereiche gibt. Wenn beispielsweise Hierarchien zwischen »vernünftiger Argumentation« und »bloßem Gefühl« hergestellt werden[27] oder wenn unverzichtbare Elemente menschlicher Moralität wie Fürsorge, Zuwendung und Sinnstiftungsarbeit außerhalb regulärer Moralität als nicht theoretisch fassbare Tugendhaftigkeit mystifiziert wer-

25. Martha C. Nussbaum 1999, 17: »Die Priorität des Rechten vor dem Guten ist eines der definierenden Merkmale des politischen Liberalismus, wie er paradigmatisch im Werk von John Rawls seinen Ausdruck findet.«
26. Vgl. z.B. Karin Hausen 1976, Susan Moller-Okin 1979, Silvia Bovenschen 1980, Heidemarie Bennent 1985 u.a.
27. Zu einer Kritik der Abwertung des Gefühls im ethischen *Mainstream* vgl. Carola Meier-Seethaler 1997, Martha C. Nussbaum 1999, 131-175.

den,[28] findet die Zweiteilung der Welt entlang der Geschlechtergrenze ihre Fortsetzung in nur scheinbar abstrakten, wenig plausiblen Ausschlussverfahren. Häufig ergibt eine Analyse des herangezogenen Beispielmaterials, dass die jenseits der Sphäre allgemeinverbindlicher Pflichten liegende Fürsorglichkeit nach wie vor mit Weiblichkeit verknüpft ist, während das Aushandeln eines Rahmens aus übergeordneten Prinzipien unter der Bedingung wechselseitiger Anerkennung als Männersache gilt.[29]

Gemeinsam ist der traditionellen Moraltheologie mit ihrer säkularen Nachfolgerin, dass dem göttlichen oder vernünftigen Gesetz als dem Ersten und unbedingt Bindenden sentimental aufgeladene, der wissenschaftlichen Reflexion scheinbar unzugängliche Sphären der Bedürftigkeit und Schwäche, der Diakonie,[30] der (Zu)Neigung und freiwilligen Tugend untergeordnet werden. Wie schon Aristoteles den männlichen »Bewegungsursprung« als das Bessere und Herrschende bestimmte, so gilt auch für die meisten Vertreter moderner wissenschaftlicher Ethik, dass allgemeine, mittels argumentativer Technik ausgehandelte Normen den Rahmen setzen, den kontrollbedürftige, da gefühlsgeleitete Tugendhaftigkeit nachträglich mit »Leben« füllen soll. Noch immer träumen viele Männer der Wissenschaft, auch der wissenschaftlichen Ethik, den »Traum von einem zeitlosen, raumlosen, übersinnlichen Bereich als der eigentlichen Sphäre des Denkens, den die westliche Metaphysik von Parmenides bis Hegel geträumt hat.«[31] Die Folge ist eine schlecht begründete Reduzierung des ethischen Nachdenkens auf eine Technik der argumentativen Normbegründung.

28. Elisabeth Conradi 2001.
29. Silvia Bovenschen 1980, Ursula Pia Jauch 1988 u.a.
30. Das dahinter stehende Verständnis des griechischen Begriffs *diakonia* kann inzwischen als widerlegt gelten, vgl. z.B. Art. »Ämter/Charismen« in WFTh 2002 sowie die dort angegebene Literatur.
31. Hannah Arendt 1994, 15.

Der postpatriarchale Rücktransport der Sinnfrage in den öffentlichen Raum

Seit dem Ende des Kalten Krieges ist der Ruf nach Ethik lauter geworden. Viele Menschen scheinen zu spüren, dass nach dem Zusammenbruch der Konkurrenz großer Ideologien und im Prozess der Auflösung patriarchaler Gewissheiten ein Sinn-Vakuum entstanden ist. Das Gegenüber von öffentlichen Gerechtigkeitsberechnungen und privater Sinnstiftung funktioniert nicht mehr, seit Frauen den bürgerlichen Ehevertrag und die an ihn geknüpfte gesellschaftliche Arbeitsteilung gekündigt haben,[32] die ihnen die Aufgaben gefühliger Sinnstiftung und aufopfernder Fürsorglichkeit in abgeschotteten Intimsphären und diakonischen Anstalten zugeschoben hatten. Im oft vagen Ruf nach »neuen Werten« drückt sich aus, dass als Konsequenz der Auflösung der geschlechtsspezifischen Arbeitsteilung die Frage nach dem Sinn des Ganzen wieder in der Öffentlichkeit erscheint. Diese Verschiebung bedeutet zwar keineswegs, dass der persönliche Freiheitsspielraum der Einzelnen, den der Liberalismus gegenüber den Ansprüchen totalitärer Sinnstiftungsinstanzen eingerichtet hat, sich auflöst oder auflösen sollte.[33] Aber mit dem Eintritt des privatisierten Geschlechts in die Öffentlichkeit muss das Verhältnis zwischen Gerechtigkeit und gutem Leben, zwischen den von allen geteilten Vorstellungen eines guten und sinnvollen Zusammenlebens und persönlichen Freiheitsspielräumen neu buchstabiert werden.

Ethik, die sich weiterhin als bloßes Aushandeln allgemeiner

32. Aufschluss über diesen historischen Aufbruch geben zum Beispiel die statistischen Daten zur Ehescheidung in den vergangenen Jahren und Jahrzehnten.

33. Vgl. zur Unterscheidung unterschiedlicher Ebenen des Guten und des Sinns: Ulrike Knobloch, Das Gute als Grundlage der feministischen Wirtschaftsethik, in: Michaela Moser/Ina Praetorius Hg. 2003, 287-297; Martha C. Nussbaum 2002.

Prinzipien unter Ausschluss der Fragen nach Sinn und Bedeutung des Zusammenlebens versteht, ist unter diesen neuen historischen Bedingungen nicht mehr zeitgemäß.

Jenseits der Hierarchisierung von väterlichem Gesetz und mütterlicher Beziehungspflege versteht sich postpatriarchale Ethik als eine Bewegung öffentlicher Nachdenklichkeit über den Sinn und die Zukunft des globalen Zusammenlebens in seiner ganzen Komplexität. Der Rücktransport der Frage nach dem guten Leben in die scheinbar davon unabhängige Sphäre öffentlicher Rechte und Pflichten nimmt heute unterschiedliche Formen an: Während sich viele Theoretikerinnen der Entwicklung einer eigenständigen Ethik der Fürsorge – zum Teil in Form einer neuartigen »Pflegewissenschaft«[34] – zugewandt haben,[35] wählen andere den Weg einer postpatriarchalen Relektüre der Kant'schen Ethik[36] oder des Liberalismus. Oft reicht es aus, sich des Mechanismus der verkehrten Reihenfolge bewusst zu werden, um herkömmliche Konzepte lebensdienlich auszulegen. So kann zum Beispiel die Idee des autonomen Subjekts, das in der Moderne an die Stelle der auf Gemeinschaft bezogenen Person getreten ist, sinnvoll weiter entwickelt werden, wenn sie eingebettet wird in die ausdrückliche Anerkennung primärer Abhängigkeiten.[37] Oder der Kant'sche kategorische Imperativ kann

34. Vgl. z.B. Monika Bobbert 2002.
35. Carol Gilligan 1984, Selma Sevenhuijsen 1998, Elisabeth Conradi 2001, Christa Schnabl, »Fürsorge«: Anachronismus oder wegweisende soziale Praxisform? Reflexionen zu einem Schlüsselbegriff feministischer Ethik, in: Michaela Moser/Ina Praetorius Hg. 2003, 118-129. u.v.a.m.
36. Vgl. z.B. mehrere Aufsätze in Herta Nagl-Docekal/Herlinde Pauer-Studer Hg. 1993.
37. Vgl. dazu Martha C. Nussbaum 2002. Nussbaum zeigt in diesem Text, dass der Liberalismus durchaus zukunftsweisend ausgelegt werden kann, wenn er an seinen besten Traditionen gemessen wird: »... der bis zur letzten Konsequenz durchdachte liberale Individualismus impliziert ein radikales feministisches Programm.«

weit gefasst und neu eingeordnet werden in eine mütterliche symbolische Ordnung.[38] Neben solchen Neuinterpretationen stehen Versuche, jenseits der Scheinselbstverständlichkeiten des akademischen Milieus neue Gesprächszusammenhänge zu begründen, die in abweichenden Traditionen wurzeln und gutes Handeln aus konkreten Beziehungsnetzen außerhalb der exklusiven Gemeinschaft der nur Vernünftigen ableiten.[39]

In dem Bemühen, scheinbar voneinander getrennte Sphären des guten Lebens und Handelns wieder zu verbinden und zu einem wirklichkeitsgerechten Verständnis des menschlichen Daseins zurückzufinden, treffen sich die unterschiedlich gelagerten Ansätze feministischer und postpatriarchaler Ethik.

(41). Nussbaum übersieht hier allerdings die Gründe für die immer wieder kehrenden Reduktionismen im liberalen Weltbild, die in den oft latent bleibenden Hierarchisierungen des androzentrischen Weltbildes liegen.

38. Diana Sartori, »Du sollst.« Ein mütterliches Gebot, in: Diotima 1999, 11-44.

39. Z.B. Sarah Lucia Hoagland 1991, Catie Geneva Cannon 1988, Sharon D. Welch 2000.

Fünftes Kapitel
Aufräumen und Neusagen

Das Alte ist vergangen,
siehe, es ist neu geworden
(2 Kor 5,17b)

Weil androzentrische Denkgewohnheiten im ausgehenden Patriarchat noch wirkmächtig sind, kann postpatriarchale Ethik sich nicht nur als schöpferische Weltgestaltung verstehen. Sie ist immer auch Widerstand. Indem ich auf die Suche gehe nach guten Worten für das, was ist und sein soll, erkenne ich gleichzeitig und weise ich zurück, was man mir an verkehrten Wahrnehmungsmustern einverleibt hat. Der denkerische Neuanfang ist begleitet vom aktiven Ausstieg aus den unangemessenen Denkweisen der alten Ordnung.

Bilder des Ausstiegs

Kritische DenkerInnen haben in den vergangenen Jahrzehnten ihre Arbeit des Abschiednehmens von der Zweiteilung der Welt unterschiedlich bebildert. Wie schon in früheren Frauenbewegungen scheiden sich die Geister an der Frage, wie radikal das Patriarchat abzulehnen sei oder wie viel Raum es für eine menschenfreundliche Entwicklung lasse.

Zu Beginn der Neuen Frauenbewegung dominierten schroffe Zurückweisungen der alten Ordnung. So stellt sich zum Beispiel die Matriarchatsforscherin Gerda Weiler den Ausweg aus dem Patriarchat als *Rückkehr* in die gesetzesfreie Ganzheitlichkeit der »integrierenden, allumfassenden matriarchalen Kraftfülle«[1] vor. Für sie hat nicht nur das patriarchale Gesetz die unmittelbar anschauliche weibliche Natursymbolik, die sie sich als regelnde Kraft in matriarchalen Zeiten vorstellt, gewaltsam mit paradoxen Bedeutungen überlagert. *Das Wort selbst* ist für sie »der Aufstand gegen das Bild ... die Revolution des Abstraktums gegen das anschauliche Symbol,«[2] weshalb der Abschied vom Patriarchat folgerichtig auch Distanz vom Vorrang der Sprache als Verständigungs- und Regelungsinstrument bedeuten würde. Mary Daly setzt demgegenüber auf sprachschöpferisches Tun und spricht von einem notwendigen Prozess des »*Exorzismus* des internalisierten Vatergottes in seinen verschiedenen Erscheinungsformen (sein Name ist Legion).«[3] Ihr Bild des Auszugs ist das des *Wirbelns und Spinnens an der Grenze*: heraus aus dem von patriarchalen Lügen vergifteten Vordergrund in den »Hinter-Grund ... der wilden Realität des Selbst der Frauen.«[4] In großer prophetischer Rede benennt Rosemary Radford Ruether den Abschied von der alten Ordnung als »*religiöse Revolution* des Feminismus« und betont, zusätzlich zur notwendigen Ideologiekritik, den Wert »sinngebende(r) Gemeinschaftsformen, die uns durch den Tod des alten patriarchalen Wertsystems hindurchtragen zur *Wiedergeburt* in einer neuen Gesellschaft, die sich am Sein und am Leben orientiert.«[5] Schon in solchen für die apokalyptische Grundstimmung der achtziger Jahre des vergangenen Jahrhunderts charakteristischen Metaphern für den Ausstieg zeichnet sich ab, dass sich ein Denken in Beziehungen und Bezogenheit anbahnt, das veraltete Modelle einer Regelung des Zusammenlebens primär durch die allgemeine Form des Gesetzes ablöst.

Mit der zunehmenden Einbindung feministischer Kritik in

1. Gerda Weiler 1984, 22.
2. Ebd. 75.
3. Mary Daly 1986, 21 (Hervorhebung I.P.).
4. Ebd. 22.
5. Rosemary Radford Ruether 1988, 13 (Hervorhebung I.P.).

akademische Zusammenhänge und angesichts der postmodernen Selbstkritik der Philosophie treten die großen Erzählungen des weiblichen Neuanfangs in den Hintergrund. Etliche Theoretikerinnen sehen ihre Aufgabe ausdrücklich darin, herkömmliches Denken patriarchatskritisch weiterzuentwickeln. So verteidigt etwa Martha C. Nussbaum die Kerngedanken des Liberalismus gegen vorschnelle feministische Verurteilungen und fordert Frauen und Männer auf, an der liberalen »Vision von einer schönen, reichhaltigen und schwierigen Welt« festzuhalten, »in der gemeinschaftlich organisierte Personen einander als freie und gleiche, aber zugleich als endliche und bedürftige Wesen betrachten.«[6] Auch Carol Gilligan spricht von einer friedlichen »Erweiterung der Perspektive«,[7] die durch den feministisch angestoßenen »Dialog zwischen Fairness und Fürsorge«[8] entsteht und letztlich zu einem umfassenden Bild menschlicher Moralität führen wird. Das häufig benutzte Bild der »Erweiterung« des Blickwinkels enthält allerdings die Vorstellung, dass die Mitte, um die das Denken kreist, nicht verschoben wird oder nicht verschoben werden muss. Dieser Problematik entgehen die italienischen Theoretikerinnen der Geschlechterdifferenz, die ihr Denken als »Arbeit am Symbolischen«[9] bezeichnen. Sie meinen damit die aus vielen einzelnen Neuinterpretationen des Wirklichen bestehende Politik, »Vergangenes, Gegebenes, Neues, die Verschiedenheit der Menschen und den Wunsch zu verändern immer wieder von Neuem miteinander ins Spiel«[10] zu bringen, dabei »Sprache dort hineinzutragen, wo sie bislang

6. Martha C. Nussbaum 2002, 71.
7. Carol Gilligan 1984, 213. Vgl. auch Maren Jochimsen/Ulrike Knobloch, Auf dem Weg zu einer vorsorgenden Wirtschaftsweise. Ansatzpunkte einer ethischen Erweiterung der ökonomischen Methode, in: Heidi Bernhard Filli u.a. 1994, 29-40.
8. Carol Gilligan 1984, 212.
9. Vgl. z.B. Andrea Günter 1998, 97-116.
10. Andrea Günter, L'Opera al nero: die Arbeit am Symbolischen, in: Diotima u.a. 1999, 246-254, hier: 252.

fehlte«,[11] neue Maßstäbe zu formulieren, schließlich »das Allgemeine neu zu sagen«.[12] So verstandene symbolische Politik misstraut der kooperationswilligen Vorstellung des Anknüpfens an eines der gängigen »großen« Weltbilder, zielt andererseits nicht auf einen »magischen Ausgang«[13] etwa in Form eines visionär sich offenbarenden geschlossenen weiblichen Imaginären, wie es zum Beispiel in einzelnen Texten Luce Irigarays am Horizont erscheint. Es setzt auf die geduldige und fröhliche,[14] auf die eigene Wahrnehmung vertrauende uneinheitliche Arbeit des (Neu-)Erzählens, Verschiebens und Sortierens, die auch die mimetische Wiederholung des Alten oder das spielerische »Ent-Machen« (dis-fieri)[15] als einen Aspekt in sich trägt und mit der Möglichkeit überraschender »Freudensprünge«[16] ins Neue rechnet.

11. Ebd. 251.
12. Ebd. 249.
13. Adriana Cavarero, Ansätze zu einer Theorie der Geschlechterdifferenz, in: Diotima 1989, 65-102, hier: 88.
14. Vgl. Chiara Zamboni, Die Politik der Fröhlichkeit, in: Diotima u.a. 1999, 187f.
15. Vgl. hierzu z.B. die Visualisierung des Dis-Fieri als Auftrennen von Gestricktem im Film »Sottosopra. Die schönste Revolution des 20. Jahrhunderts« von Gabriele Schärer (Zürich 2001).
16. Luisa Muraro, Freudensprünge, in: Diotima u.a. 1999, 268-270.

Aufräumen im patriarchalen Durcheinander

Jedes Ding an seinen Ort
Spart viel Zeit und böse Wort'.
(Karoline Heim)

Mich erinnert diese letzte Beschreibung des weiblichen Auszugs nicht nur an anarchistische Denkweisen, sondern auch an die hausfrauliche Tätigkeit des Aufräumens: Ein Zimmer in Ordnung zu bringen, in dem zum Beispiel Kinder gespielt haben, ist keine Revolution und keine Wiedergeburt, sondern bedeutet, den Dingen ihren richtigen Platz zurück zu geben: in die Mitte zu stellen, was sinnvollerweise in die Mitte gehört, an den Rand zu rücken, was besser am Rand stehen sollte, verstreute Gegenstände in Schränken oder Schubladen unterzubringen oder, wenn sie nicht mehr gebraucht werden, zu entsorgen. Das Ergebnis des Aufräumens ist Wohnlichkeit: ein sinnvoll nutzbares Zueinander von Gegenständen, das sich bei Bedarf jederzeit wieder verwandeln lässt in lebendiges Durcheinander oder andersartige Ordnung. Auch das Ziel der Arbeit am Symbolischen im ausgehenden Patriarchat ist Wohnlichkeit: eine sinnvolle, flexibel veränder- und verhandelbare symbolische und soziale Ordnung, in und mit der alle gut leben können.

Die androzentrische Ordnung hat die Welt in Unordnung gebracht, indem sie abstrakten Normen – in welcher Gestalt auch immer – zu viel Gewicht gegeben hat. Wie ein sperriger Schrank steht deshalb heute »das Gesetz« – als göttliches Gesetz oder Naturgesetz, als staatliches Gesetz oder Gesetz des Marktes – in der Mitte des Wohnraums, wo eigentlich der Verhandlungstisch stehen sollte. Wir leben mit der irrigen Vorstellung, gutes Handeln sei in erster Linie Gehorsam gegenüber einer festen Norm und »Umsetzung« dieser Norm in die Wirklichkeit. Unordnung ist auch dadurch entstanden, dass man eine Grenze errichtet hat zwischen einem rational ausgehandelten »Rahmen« der Gerechtigkeit, der die Menschen als freie und gleiche behandelt, und einem vortheoretisch-gefühligen Innenbereich, in dem sie einander als reale Individuen wahrnehmen sollen.[17] Diese Trennung hat dazu geführt, dass heute wesentliche Sphären und Aspekte des guten Handelns außerhalb des Gegenstandsbereiches der Ethik liegen – so als habe man beim Bauen des Hauses die Küche vergessen und wundere sich jetzt, dass es nichts Gutes zu essen gibt.

Das Unordnung stiftende Verwechseln von primären und sekundären Wirklichkeiten durchzieht alle gesellschaftlichen Bereiche: So hat man das Geld und seine Fähigkeit, sich zu vermehren, der lebendigen Fruchtbarkeit übergeordnet, was wiederum zu dem Missverständnis geführt hat, die Mitte des wirtschaftlichen Handelns und Denkens sei nicht die Erfüllung menschlicher Bedürfnisse, sondern der Umgang mit Geld, nicht der Haushalt, sondern der Markt, nicht die gegebene Fülle, sondern die Knappheit der Güter.[18] Insgesamt ist die menschliche Kultur in eine Dominanzposition gegenüber der vermeintlich grenzenlos ausbeutbaren Natur geraten – bis hin zu dem Wahn, Kultur, neuerdings etwa in Gestalt virtueller Welten, könne sich von Natur unabhängig machen. Eine schwerwiegende Folge dieser Verdrehung nennen wir »Umweltkrise«.

In der Mitte: das geistesgegenwärtige Verhandeln

Wenn ich, was sich zu Unrecht den Platz in der Mitte anmaßt, wieder an die Wand schiebe, empfinde ich, was Luisa Muraro das »Vor-Anker-Gehen am Sein«[19] nennt. Nicht das ganze im

17. Vgl. dazu v.a. Elisabeth Conradi 2001.
18. Vgl. dazu: Luce Irigaray, Die Frauen, das Heilige und das Geld, in: dies. 1989, 121-144.
19. Luisa Muraro 1993, 41.

Patriarchat überbewertete (väterliche) Gesetz muss abgeschafft oder von Grund auf umgeschrieben werden. Die von ihm noch brauchbaren Elemente gehören aber an den ihnen gemäßen Ort: nicht in der Mitte soll das Gesetz stehen, wo es die freie Sicht auf die Wirklichkeit verstellt, sondern am Rand. Der Platz in der Mitte gebührt dem Tisch, um den sich die BewohnerInnen des Hauses in all ihrer Verschiedenheit versammeln, um zu essen, zu arbeiten, zu spielen, lebensdienliche Lösungen für die jeweilige Gegenwart zu erfinden und Konflikte auszutragen. Wie ein solider alter Schrank, aus dessen Fächern und Schubladen die Weisung der VorfahrInnen jederzeit heraus geholt werden kann, steht das Gesetz an der Wand. Damit heißt dann beispielsweise die erste Frage jeder ökonomischen Debatte nicht mehr, was wir uns mit dem vorhandenen Geld leisten können, sondern was wir zum Leben brauchen. Denn auch das Geld, das man im Patriarchat zu einem Symbol freier und potenter Männlichkeit stilisiert hat, wird wieder an den Platz gestellt, der ihm gebührt: an den eines nützlichen Instrumentes, das Tauschakte vereinfacht. Oder wenn die Frage zur Debatte steht, welche medizinische Technik weiter entwickelt werden soll, dann geht es nicht in erster Linie um die angebliche Eigengesetzlichkeit des sogenannten Fortschritts, sondern um die Frage, ob die fragliche Technik tatsächlich heilen kann.

Menschen sind nicht dazu da, sich Gesetzmäßigkeiten zu beugen, sondern Gesetze sind dazu da, Menschen das Leben zu erleichtern, und zwar nicht nur denen, die über genügend Vernunft und Erwachsenheit verfügen, um selbstbestimmt und selbstbeherrscht zu urteilen, sondern allen: Alle Menschen wandeln sich ständig, sind bedürftig und frei, voller Gefühle und Wünsche, manchmal müde und manchmal tatkräftig, weder einfach gut noch einfach böse, ausgestattet mit mehr oder weniger großen Fähigkeiten, ins Gespräch zu kommen, klug zu verhandeln, die eigenen Wünsche mit denen der anderen zu etwas Lebbarem zusammen zu setzen. Alle Menschen beginnen ihr Leben als Säuglinge, viele durchlaufen unterschiedliche Stadien der Beweglichkeit, viele gehen aus dem Leben, nachdem sie als Alte noch einmal eine dem Säuglingsdasein vergleichbare Abhängigkeit durchlebt haben. Alle diese Stadien und Befindlichkeiten gehören wesentlich zum menschlichen Dasein, sind nicht als mehr oder weniger menschlich in Hierarchien und Dualismen zu verorten. Eine gute Ordnung des Zusammenlebens zieht keine Grenze zwischen angeblich starken und schwachen, »vollmenschlichen«[20] und animalischen Lebenssphären und -phasen, sondern gibt allen Raum am Verhandlungstisch.

Die Vernunft als Hilfskraft

Dass ich die Gewohnheit, Ethik im wesentlichen als Begründung von Werten und Normen in einer verallgemeinerten Vernunft aufzufassen, zugunsten eines viel weiteren Verständnisses zurück lassen will, bedeutet nicht, dass vernünftiges Argumentieren für mich bedeutungslos geworden wäre. Auch die Vernunft gehört an den Platz, wo sie sinnvoll dem Zusammenleben dienen kann. Als Instrument, mit dessen Hilfe sich überlieferte Regeln auf ihre Lebensdienlichkeit hin überprüfen lassen, haben sich die Praxen der Rationalität bewährt. Vermutlich würden die meisten Vertreter der sogenannt wissenschaftlichen Ethik mir sogar zustimmen in der Auffassung, dass rationales Argumentieren nie mehr hat sein sollen als eben dies: eine möglichst neutrale Prüfungsinstanz der Geltungsansprüche von Überlieferung. Die androzentrische Neigung, das Erste mit dem Zweiten zu verwechseln, führt aber dennoch immer wieder dazu, dass die Vernunft aus der Rolle fällt und sich als *Konstrukteurin* von Regeln aufspielt, hinter der lebendige Überlieferung und Kreativität, Gefühle und Bezogenheit als Quellen des Guten zurück-

20. Vgl. Helmut Thielicke 1965, 288.

treten müssen. Schon Hesiod hat die Rangfolge von eigenmächtiger Vernunft und Zuhören in diesem Sinne bestimmt:

> »Dieser ist der Allerbeste, der selbst alles ersinnt;
> Tüchtig ist aber auch jener, der dem gut Redenden folgt.«[21]

Mein Nachdenken über gutes Zusammenleben ist der europäischen Aufklärung insofern verpflichtet, als es überlieferte Regeln des Zusammenlebens nicht unbesehen übernimmt, sondern immer wieder neuen kritischen Prüfungen unterzieht. Mehr als eine nützliche Hilfskraft im Streit um Geltungsansprüche ist die Vernunft nicht. Und dieser Streit wiederum stellt nur einen kleinen Teil dessen dar, was ich unter Ethik verstehe.

21. Zitiert in Aristoteles, Die Nikomachische Ethik, 59.

Sechstes Kapitel
Prophetische Weisungsauslegung im ausgehenden Patriarchat

Alles aber prüfet, das Gute behaltet!
(1 Thess 5,21)

Die grundsätzliche Einstellung der Dankbarkeit gegenüber moralischen Traditionen bedeutet also nicht, dass jede überlieferte Weisung kritiklos übernommen werden muss. Nicht alle Regeln wurden verfasst und überliefert, um das gute Zusammenleben zu fördern, und jede Überlieferung muss immer wieder daraufhin überprüft werden, ob sie dem jeweiligen Heute angemessen ist. Gut zu handeln kann auch bedeuten, eine Regel für schädlich oder nicht mehr zeitgemäß zu erklären, vielleicht statt ihrer eine neue zu erfinden. In jedem neuen Jetzt gilt es zu unterscheiden zwischen lebensfreundlichen und lebensfeindlichen Regeln.

Ein postpatriarchaler Umgang mit überlieferten Moral- und Rechtssätzen muss sich insbesondere der Tatsache bewusst sein, dass annähernd die gesamte Tradition, einschließlich der Bibel, Frauen und immer wieder andere Ausgeschlossene nicht als Subjekte des Rechts und des verantwortlichen Handelns, sondern als Besitz oder Untertanen anderer Menschen aufgefasst hat. Es ist oft trotzdem möglich, die überlieferte Weisung auf das ursprünglich gemeinte Gute hin transparent zu machen und aus ihren eigenen lebensförderlichen Impulsen heraus zu transformieren in eine Ordnung, die alle Menschen als freie handlungsfähige Personen einschließt. Dazu bedarf es aber eines tief gehenden Nachdenkens darüber, wie sich die ursprünglich gemeinte gute Weisung neu fassen lässt in Form von Regeln, die nicht mehr unterscheiden zwischen freien und kontrollbedürftigen Menschen. Die Unterscheidung zwischen lebensdienlicher

Weisung auf der einen, Herrschaftsgesetz, veralteten Normen und interessengeleiteten Vereinnahmungen ursprünglich lebensförderlicher Weisung auf der anderen Seite gehört notwendig zum ethischen Nachdenken.

Gute Weisung

Verwirf nicht die Weisung deiner Mutter.
(Spr 1,8b)

Das hebräische Wort *Tora* bedeutet »Weisung« in einem recht allgemeinen Sinne. In nachbiblischer Zeit bezeichnet der Begriff meist die göttlichen Satzungen, wie sie in der hebräischen Bibel aufgezeichnet sind, zuweilen auch die ganze Heilige Schrift. In der Bibel selbst bezieht sich der Begriff auch auf das belehrende Wort eines Propheten oder einer Prophetin (z.B. Jes 8,16), eines Priesters (Dtn 33,10 u.v.a.m.), eines Weisheitslehrers (Spr 13) oder einer Hausfrau und Mutter (Spr 1,8; 31,26).[1] Dasselbe Wort, das die anfängliche Weisung benennt, die Gott dem Mose am Sinai übergeben hat, bezeichnet also auch die Ermahnungen einer Mutter an ihre Kinder.

Tatsächlich geben Mütter ihren Kindern bis heute Ratschläge und erzählen ihnen Geschichten, noch bevor die Kinder in der Lage sind, die »Moral von der Geschicht'« zu ermessen. Im täglichen Zusammenleben in Haushalten wird, meist ohne ausdrücklichen Bezug auf schriftlich fixierte Regeln, moralisches

1. Vgl. Rolf Rendtorff, Art. »Tora« in RGG, Studienausgabe 1986. Bei Rendtorff heißt es bezeichnenderweise so: »... kann das Wort der Propheten als T. bezeichnet werden (...), aber ebenso in der Weisheitsliteratur die Belehrung des Weisen (...) , *ja sogar* die Anweisung der klugen Hausfrau und Mutter ...« (950, Hervorhebung I.P.).

Grundwissen vermittelt. So lernen Kinder von Geburt an, sich im konfliktschwangeren Zusammenleben der Verschiedenen zurechtzufinden. Zwar dienen die primären Sozialisationsinstanzen seit jeher auch als Vermittler von Herrschaftswissen. Das patriarchale Letztentscheidungsrecht des Vaters oder Muster geschlechtsspezifischer Arbeitsteilung zum Beispiel könnten sich in unserer Gegenwart kaum so hartnäckig halten, würden sie nicht schon kleinen Kindern beigebracht. Dennoch gilt, dass Kinder, in deren sozialem Umfeld nicht minimale Standards mitmenschlicher Kooperation eingehalten – und damit auch eingeübt – werden, nicht überleben können.

Sinnvoll nenne ich Regeln und Gesetze dann, wenn sie Formalisierungen alltäglich erprobter kooperativer Handlungsweisen sind, die darauf zielen, allen Beteiligten unabhängig von ihrem Status, Alter, Geschlecht etc. ein erfülltes Leben zu ermöglichen. Kaum jemand bestreitet, dass die Zehn Gebote in diesem Verständnis sinnvolle Regeln des Zusammenlebens darstellen: *Du sollst nicht töten (Ex 20,13), du sollst nicht stehlen (Ex 20,15), du sollst nicht falsches Zeugnis reden ... (Ex 20,16), gedenke des Sabbattages, dass du ihn heilig haltest (Ex 20,8)* usw. Auch die Grundbestimmungen rechtsstaatlicher Verfassungen, etwa Art. 1, Abs. 1 des deutschen Grundgesetzes: »Die Würde des Menschen ist unantastbar«, oder die in den meisten Verfassungen verankerten Grundrechte auf Leben, freie Entfaltung der Persönlichkeit, freie Meinungsäußerung usw. sind heute, zumindest rhetorisch, als lebensförderliche Normen weltweit anerkannt.

Wenn das Volk Israel die Tora als hilfreiche von Gott gegebene Weisung lieben und ehren soll, so ist diese Qualität des Gesetzes gemeint, lebensdienliche Weisung für menschliche Kooperation zu sein und von den Älteren an die Jüngeren weiter zu geben. Jede Generation hofft aufs neue, dass auch die Nachgeborenen vertrauensvoll der guten Weisung folgen und ihren Sinn immer neu entdecken werden, damit sich alle im Gemeinwesen gut aufgehoben wissen.

Gesetze können aber auch die Interessen bestimmter Gruppen von Menschen zu Lasten der Lebensmöglichkeiten anderer festschreiben. So untersagte zum Beispiel das in vielen Ländern erst in der zweiten Hälfte des 20. Jahrhunderts revidierte Eherecht den Ehefrauen, frei über ihr Eigentum und ihre Arbeitskraft zu verfügen. Solche Bestimmungen haben über Jahrhunderte das Interesse des Ehemanns an einer untergebenen Hilfskraft gestützt und weibliche Freiheit eingeschränkt. Sie gehen auf alte Vorstellungen einer Minderwertigkeit des weiblichen Geschlechts zurück, die in der Bibel ebenso zu finden sind wie in der Philosophie des antiken Griechenland und die eine ganze Rechtstradition weiblicher Unfreiheit begründet haben. In vielen Ländern verfestigt auch das Ausländerrecht, zumindest seine Ausführungsbestimmungen, bis heute Wertabstufungen zwischen Menschen unterschiedlicher Herkunft, die zu Lasten der freien Entfaltung der einen den Wunsch der anderen zum Beispiel nach billiger Arbeitskraft stützen.

Wie die meisten überlieferten Gesetzbücher setzt sich auch die Tora zusammen aus Regeln unterschiedlicher Herkunft. Neben lebensdienlichen Grundregeln, die Würde, Sicherheit und Teilhaberechte aller schützen, stehen Satzungen, deren Zweck es ist, die Privilegien bestimmter Menschen für rechtens zu erklären. So wird zwar einerseits die Achtung vor Fremden gefordert (Ex 22,20; Lev 19,16), andererseits sind Teile des Gesetzes durchzogen von Bestimmungen, die eine strikte Abgrenzung von allem Fremden fordern (Dtn 7; Dtn 23,1-8 u.a.).[2]

2. Folgt man dem biblischen Kanon, so ist der Übergang von universellen Anschauungen zu hierarchisierenden Abgrenzungen zwischen Völkern und Menschen und den damit verbundenen Unterscheidungen zwischen Eigenem und Fremden wohl in der sog. »Völkertafel« (Gen 10) anzusiedeln.

Und Satzungen zum Schutz schwangerer Frauen stehen strengen Reinheitsgesetzen gegenüber, in denen die Geringschätzung des weiblichen Geschlechts etwa dadurch zum Ausdruck kommt, dass Frauen nach der Geburt einer Tochter doppelt so lange als unrein gelten wie nach der Geburt eines Sohnes (Lev 12,1-5).

Wie ich die Wirkweise historischer Regeln in ihrer eigenen Umwelt einschätze, hängt davon ab, welches Bild ich mir vom Zustand der umgebenden Gesellschaft mache. Wird beispielsweise in Theorien über die Entstehung der Tora die altorientalische Umgebung des Volkes Israel als Negativfolie gesetzt, so können patriarchale Ehegesetze als fortschrittlich erscheinen, weil sie überhaupt irgendein Recht in einen zuvor von reiner Willkür beherrschten Raum einführen. So betrachtet Frank Crüsemann die Tatsache, dass im deuteronomistischen Gesetz gewisse innerfamiliäre Fragen als öffentliche Angelegenheit verhandelt werden (z.B. Dtn 22,13-30), als Fortschritt gegenüber einer uneingeschränkten Entscheidungsvollmacht des Familienvaters, von der er annimmt, dass sie »vorher«[3] gegolten habe. Dem würde Gerda Weiler widersprechen, denn sie nimmt – wohl nicht zu Unrecht – an, dass die altorientalischen Kulturen keinen einheitlichen patriarchalen Block bildeten, dass es in ihnen vielmehr auch matriarchale Traditionen gegeben hat, die vom deuteronomistischen Gesetz an den Rand gedrängt wurden.[4]

Für den Umgang mit der Tora in der Gegenwart gilt jedenfalls wie für den Umgang mit jedem anderen Gesetz, dass die Dankbarkeit der anfänglichen guten Weisung gegenüber einhergehen muss mit immer neuen kritischen Überprüfungen der einzelnen Satzungen auf ihre Lebensdienlichkeit hin. Dass in den meisten überlieferten Gesetzen Frauen nicht als Rechtssubjekte betrachtet werden, führt notwendigerweise dazu, dass allen diesen Tex-

3. Frank Crüsemann 2003, 41.
4. Gerda Weiler 1989

ten zunächst mit der »Hermeneutik des Verdachts«[5] begegnet wird, bevor ihr positiver Sinn wieder entdeckt werden kann.

Kontextabhängige Regeln

Es gibt auch Gesetze, die an bestimmte kulturelle Gebräuche gebunden sind und nur Sinn ergeben, wenn sich noch jemand an diese Gebräuche gebunden weiß. So wird beispielsweise das alttestamentliche Opfergesetz, demgemäß Opfertiere männlich und fehlerfrei sein müssen (Lev 1,3), gegenstandslos in einer Gesellschaft, in der keine Tiere mehr geopfert werden. Gesetze zum Umgang mit SklavInnen werden überflüssig, wenn die Sklaverei abgeschafft ist. Und Gesetze zur Gleichstellung der Geschlechter würden ihren Sinn verlieren in einer Welt, in der die Gewohnheit, Privilegien, Aufgaben und Pflichten entlang der Geschlechtergrenze ungleich zu verteilen, sich aufgelöst hätte.

Manchmal schaden veraltete Gesetze niemandem. Sie stehen einfach in irgend einem Buch, ohne dass sich noch jemand verpflichtet fühlen würde, ihnen zu folgen. Es kommt aber auch vor, dass Regeln aufrecht erhalten werden, obwohl ihr Sinn zumindest fraglich geworden, wenn nicht erloschen ist. Die Vorstellung etwa, Frühaufsteher seien fleißigere Menschen als solche, die erst lange nach Tagesanbruch zu arbeiten beginnen, und die entsprechende Norm, früh aufzustehen, haben durch die Möglichkeit, bei elektrischer Beleuchtung bis spät in die Nacht zu arbeiten, an Plausibiliät verloren. Dennoch halten sie sich hartnäckig und prägen bis heute vielerorts die Gestaltung der Regelarbeitszeit und der Stundenpläne in den Schulen.

Überkommene Verhaltensnormen müssen deshalb, auch wenn sie nicht eindeutig Herrschaftsinteressen spiegeln, immer

5. Elisabeth Schüssler Fiorenza 1988a, bes. 49-58.

wieder daraufhin überprüft werden, ob sie in der veränderten Wirklichkeit noch dem guten Zusammenleben dienen oder zu inhaltsleeren Disziplinierungsinstrumenten geworden sind.

Die Vereinnahmung guter Weisung durch Herrschaft

Gerade die »unverbindliche(n) Regeln, die dem praktischen Leben ... entnommen sind«[6] und die Gerda Weiler für matriarchalen Ursprungs und lebensdienlich hält, bedürfen der Auslegung, um praktische Bedeutung zu bekommen. Sie leisten nicht als solche Widerstand gegen Auslegungen im Dienste von Herrschaft.

So hat man zum Beispiel, um die freie Verfügung der Frauen über ihre Körper einzuschränken, den Schwangerschaftsabbruch als Verstoß gegen das Tötungsverbot definiert, ohne sich über den Unterschied klar zu werden, der zwischen dem Gegenüberverhältnis zweier geborener Personen und dem »Zwei in Einer«[7] der Schwangerschaft besteht. Erst in neuester Zeit wird dieser Unterschied ausdrücklich geklärt: DenkerInnen bemühen sich um eine angemessene Beschreibung der anfänglichen Bezogenheit der Schwangerschaft, von der her deutlich wird, dass die Abwehr der Mutterschaft sich nur begrenzt in denselben Kategorien verstehen lässt wie die Tötung geborener Menschen.[8] Der Feldzug gegen die Selbstverantwortung der Frauen im Zeichen des Tötungsverbotes – ein Feldzug im übrigen, der keineswegs Hand in Hand ging mit einer insgesamt strengeren Anwendung dieses Verbotes – wird so erkennbar als Vereinnah-

6. Gerda Weiler 1989, 313.
7. Ina Praetorius, Das Ungedachte: Zwei in Einer. Ein Essay zur Theologie der Schwangerschaft, in: dies. 2000, 29-34.
8. Vgl. z.B. Christiane Kohler-Weiß 2003.

mung einer guten Weisung durch das Interesse an weiblicher Unfreiheit. – Auch wenn in einer Gesellschaft Bagatelldiebstähle zu Gefängnisstrafen führen, während Großgrundbesitz und Lohndumping ungeahndet bleiben, ist die lebensfreundliche Grundbedeutung des Diebstahlverbots pervertiert und muss neu entdeckt werden.

Nicht nur die Tora, sondern auch die spätere Geschichte der Moral hat Normen hervorgebracht, die in der Zeit ihrer Entstehung einen guten Sinn hatten, dann aber allzu sehr verallgemeinert wurden oder unter veränderten Umständen eine bedrohliche Bedeutung angenommen haben. Die ursprüngliche Idee des Wirtschaftsliberalismus zum Beispiel, wirtschaftende Menschen sollten vor allem ihren eigenen Vorteil im Auge haben, war vernünftig in einer Zeit, in der die kirchliche Moral noch mächtig genug war, den Unternehmergeist über Gebühr einzuschränken. Im Zuge der Entwicklung des Kapitalismus und heute, da sich der Imperativ des Eigennutzes – zumindest für gutsituierte Männer – verallgemeinert hat, ist es dringend notwendig, diese Idee zu überprüfen.

Über gutes Leben nachzudenken und gut zu handeln bedeutet deshalb auch, immer neu darüber zu verhandeln, wie eine ursprünglich gemeinte freundliche Bedeutung der Weisung von Vereinnahmungen befreit und neu verwirklicht werden kann.

Prophetische Weisungsauslegung und postpatriarchale Ethik

Und eure Söhne und Töchter werden weissagen,
eure Greise werden Träume haben,
eure Jünglinge werden Gesichte sehen.
Auch über die Knechte und über die Mägde
will ich in jenen Tagen meinen Geist ausgießen.
(Joel 2,28 f)

In der Bibel bedeutet Prophetie die »geschichtsbezogene Auslegung der Tora«.[9] Weil Gesetze sich nicht selbst situationsgerecht auslegen, hat, so die Geschichte vom Ursprung der Prophetie, das Volk Israel am Sinai Gott darum gebeten, ihm immer wieder Mittlerinnen und Mittler zu schicken, die das Gesetz in jede neue Gegenwart hinein sinnvoll aussagen (Dtn 18, 15 f). Die Prophetie wurde als das wohl wichtigste Amt eingesetzt, gleichzeitig als einziges Amt, das keiner Nachfolgeregel unterliegt: Prophetinnen und Propheten »erstehen« dem Volk, gewissermaßen nach Bedarf. Wer der neue Prophet oder die neue Prophetin sein wird, das kann niemand wissen, denn das weiß nur Gott. Aufgabe der Prophetin ist es, die Beziehung zwischen dem Sinn des Ganzen und dem Volk dadurch lebendig zu halten, dass er oder sie die anfängliche Weisung in immer neue Gegebenheiten hinein auslegt.

In der Bibel findet sich auch die Vorstellung, dass es eine Zeit geben wird, in der alle Menschen zu prophetischen AuslegerInnen der Tora werden: Nach Joel 2,28 f werden es dereinst alle Frauen und Männer, Jungen und Alten als ihre Aufgabe betrachten, den guten Sinn der Weisung in ihrer Gegenwart lebendig werden zu lassen:

9. Klara Butting 2001, 13.

Und nach diesem wird es geschehen, dass ich meinen Geist ausgieße über alles Fleisch ... (Joel 2,28a).

Diese Prophezeiung lässt sich auslegen als eine Vision von der Demokratisierung des prophetischen Amtes: In der Mitte jeder neuen Gegenwart, am Verhandlungstisch, im Gespräch zwischen Frauen, Männern, Jugendlichen und Kindern jeden Alters in sich ständig verändernden Lebenslagen soll ausgehandelt werden, wie die Weisung ihr Ziel erreichen kann: das gute Zusammenleben aller. Die Tora will laut dem biblischen Zeugnis selbst kein unantastbarer heiliger Text sein, dessen Sinn darin liegt, rezitiert, verehrt und möglichst wortwörtlich befolgt zu werden. Vielmehr fordert sie zur geistesgegenwärtigen Auseinandersetzung im Hinblick auf immer andere unvergleichliche Gegenwarten heraus.[10] Diese prophetische Herausforderung gilt jedem Gesetz: das Vernunftgesetz ist in diesem Sinne ein Gebrauchsgegenstand, der um der Menschen Wohlsein willen da ist (Mk 2,28).

Postpatriarchale Ethik ist biblischer Prophetie verwandt und setzt sie fort. Ihr erstes Augenmerk gilt dem guten Zusammenleben hier und jetzt. Ob die vielfältige Überlieferung, mit der wir in der sich globalisierenden Welt leben, diese Überlieferung aus Tora und vernünftig ausgehandelter Moral, aus Völkerrecht, Menschenrecht, Staatsverfassungen, Einzelgesetzen, aus berufs-, gruppen-, geschlechts- und familienspezifischen Normen, Werbebotschaften und Parteiprogrammen taugt und wie sie ausgelegt werden muss, damit das Zusammenleben gelingt, entscheidet jede und jeder in ihrer unverwechselbaren Gegenwart neu.

Überkommene Weisungen jenseits der Zweiteilungen der Welt zu sichten, zu beurteilen und auf das gute Zusammenleben aller hin neu auszulegen, ist eine wesentliche Aufgabe postpatriarchaler Ethik. Diese Aufgabe erschöpft sich nicht in herkömmlicher Moralkritik, sondern zielt darauf, den guten Sinn der Weisung in lebendiger Bezogenheit neu zu entdecken und auszusagen.

10. Klara Butting 2001, 193-208

3. Teil
Handeln aus der Fülle

Siebtes Kapitel

Der Fluss von Nähren und Genährtwerden[1]

Wie mich mein Vater und meine Mutter geliebt haben,
habe auch ich euch geliebt
Bleibet in meiner Liebe!
(Joh 15,9)

Das Gesetz ist nicht, wie viele annehmen, der Anfang guten menschlichen Handelns, sondern selbst schon dessen Ergebnis.[2] Ernährtwerden und Ernähren, gutes Behandeltwerden, lebensdienliche Regeln und gutes Handeln bilden einen Fluss, dessen weltgeschichtliche Anfänglichkeit sich nicht rekonstruieren lässt, dessen immer neue individuelle Quelle die meisten Menschen in ihrer frühen Kindheit erfahren: Alle kommen als hilflose Säuglinge zur Welt und könnten nicht überleben, geschweige denn zum guten Leben anderer beitragen, gäbe es da nicht eine Mutter, die neun Monate lang ihren körperlichen und geistigen Leib, und ein Gemeinwesen, das jahrelang die notwendige Geborgenheit als anfängliche Fülle zur Verfügung gestellt hätten.[3] Wer als Mensch erwachsen geworden ist, hat das Genährt-

1. Wesentliche Anregungen zu diesem Kapitel verdanke ich Luisa Muraro, vgl. insbesondere Luisa Muraro 1993.
2. Vgl. als Umkehrung dazu die »widersprüchliche« biblische Vorstellung, dass Menschen schon vor der Stiftung des Gesetzes böse handeln können (Gen 3,16 f; 6,5 u.a.)
3. Auch Hans Jonas spricht in seinem »Prinzip Verantwortung« von der »unmittelbaren Evidenz« der elterlichen Sorge für ein Neugeborenes. Von dieser Ursituation leitet sich Jonas zufolge jede andere Form der Verantwortung von Menschen füreinander ab. Jonas setzt allerdings, getreu der androzentrischen Tradition, den Akzent nicht auf Tochter oder Sohn, die durch gutes Behandeltwerden zu verantwortlichen Erwachsenen werden, sondern auf

werden am Anfang, in wie rudimentärer Form auch immer, selbst erlebt. Gutes Handeln kann deshalb als Einwilligung in den Fortgang des Lebens, auch als Rückerstattung einer empfangenen Wohltat verstanden werden, gleichzeitig als freies Tätigwerden, das seinerseits Dankbarkeit bewirkt und neue gute Taten in Gang setzt.

Nährendes Zusammenleben ist demnach gleichzeitig die Voraussetzung guten Handelns und dessen Ziel: Eine Mutter, die ihr Kind gut nähren und verlässlich ins Erwachsenenleben begleiten will, muss selbst genug körperliche und geistige Nahrung bekommen. Zwar ist nicht ausgeschlossen, dass Menschen, die im Elend leben, denen man Nahrung, Wohnung, sinnvolle Betätigung und Zukunftsperspektiven vorenthält, dennoch gut handeln. Die erstaunliche Pluralität des Menschseins lässt Raum auch für dieses Wunder. Umgekehrt ist es kein Naturgesetz, dass Menschen, die gut behandelt werden, auch gut handeln. Im Allgemeinen gilt dennoch, dass wir dann schöpferische Beiträge zum guten Zusammenleben leisten können, wenn wir selbst Fülle erfahren.

Das Kerngeschäft der Ethik ist daher das Nachdenken darüber, wie die Fließbewegung von gutem Behandeltwerden und gutem Handeln aufrechterhalten oder, ist sie einmal unterbrochen, neu zum Leben erweckt werden kann. Feministinnen haben bisher dazu tendiert, das, worum es mir hier geht, als »Kreislauf« oder »zyklisches Weltbild« zu benennen.[4] Ich ziehe das Bild des Flusses vor, weil sich in ihm die Vorstellung einer ununterbrochenen Bewegung verbindet mit Herkünftigkeit und Zielgerichtetheit: Wenn ich einen Fluss betrachte, sehe ich ein Sichbewegen ohne Anfang und Ende, aber ich weiß, dass diese Bewegung in Quelle

die Aktivität der Erwachsenen. Hier wird also gewissermaßen die Hilfsbedürftigkeit des Neugeborenen zum ursprünglichen »Gesetz« das moralisches Handeln in Gang bringt (Hans Jonas 1983, 234-242).

4. Luisa Muraro zum Beispiel spricht vom »fleischlichen Kreis« (1993, 86 f und passim).

und Mündung einen Anfang und ein Ende hat – und gleichzeitig eingebunden ist in den weltweiten Wasserkreislauf aus Verdunstung, Kondensation und Fließbewegung.[5]

Gutes Behandeltwerden als Quelle guten Handelns

In der Antike war die Einsicht, dass dem guten Handeln der Einzelnen im allgemeinen ein lebensfreundlich organisiertes Gemeinwesen voraus liegt, weit verbreitet. So ist es nach Aristoteles die Aufgabe des Staates, »die Menschen zu befähigen, sich für ein gutes Leben und Handeln nach Maßgabe der materiellen und natürlichen Bedingungen des Gemeinwesens zu entscheiden.«[6] Für ihn wie für andere antike Denker des Ethischen versteht sich von selbst, dass Menschen innerhalb des natürlichen Kosmos, der das menschliche Zusammenleben gleichzeitig nährt und gefährdet, einander ein Zuhause schaffen müssen, in dem sie behütet genug sind, um einander zu behüten.

Biblisch drückt sich die primäre Erfahrung des Hineingeborenwerdens in einen geschenkten Reichtum in der Vorstellung aus, dass die Liebe Gottes zu den Menschen der Liebe der Menschen untereinander voraus geht: Schöpfung und Tora werden in diesem Sinne verstanden als die guten Taten JHWHs am Anfang, die den Menschen die Fülle schenken, aus der heraus sie ihrerseits schöpferisch tätig werden können. Die vier Evangelisten und Paulus sind sich einig darin, dass Gott in Jesus Christus die umfassende, zum Guten befreiende Liebe zu den Menschen bekräftigt und ihnen noch einmal ausdrücklich die Freiheit zugesprochen hat, die Tora geistesgegenwärtig in jeder neuen Gegenwart zum Leben zu erwecken. Die angemessene Einstellung

5. Für diesen Gedanken danke ich Hans Jörg Fehle.
6. Zitiert nach Martha C. Nussbaum 1999, 32.

einzelner Menschen dem anfänglichen Zugewandtsein gegenüber heißt in den deutschen Übersetzungen des Neuen Testaments oft »Glaube«. Glaube meint demnach die elementare Entscheidung, der eigenen Herkunft und Zukunft in einer nicht selbst gemachten Fülle zuzustimmen, um danach selbst zur Erhaltung und Gestaltung dieser Fülle beizutragen. Ohne diese Zustimmung, so eine grundlegende Aussage der Bibel, wäre die Nächsten- und Feindesliebe nichts als saure Pflicht. Martin Luther hat in einer Zeit, in der sich – wieder einmal – das Verhältnis der Menschen untereinander und zum Göttlichen als Mechanismus aus Gesetzgebung und Selbstrechtfertigung zu verfestigen drohte, die Dankbarkeit als Ursprung guten Handelns neu entdeckt und in Worte gefasst:

»Sieh, so fließt aus dem Glauben die Liebe und die Lust zu Gott und aus der Liebe ein freies, williges, fröhliches Leben, dem Nächsten umsonst zu dienen.«[7]

Geburtsvergessenheit: die Unterbrechung der Fließbewegung

Fürwahr, ich habe meine Seele gestillt und beruhigt.
Wie eine Entwöhnte bei ihrer Mutter,
wie ein Entwöhnter ist stille in mir meine Seele.
Harre, Israel auf Gott. Von nun an bis in Ewigkeit!
(Ps 131,2 f)

Bibel und Kirche halten im Begriff der Geschöpflichkeit und der ihr entsprechenden Frömmigkeit also die höchst bedeutsame Erinnerung daran wach, dass kein Mensch aus dem Nichts oder

7. Martin Luther, Von der Freiheit eines Christenmenschen, in: ders., Ausgewählte Schriften Bd. 1, 241 f.

aus reiner Logik gut zu handeln beginnt. Allerdings hat auch die Theologie, getreu der androzentrischen Spaltung der Welt Jahrhunderte lang einen Gegensatz konstruiert zwischen der Idee des Geschaffenseins durch einen männlich-geistig vorgestellten Gott und der konkreten Herkünftigkeit aus einem Mutterleib und einem wirklichen Gemeinwesen. Indem Theologen dazu neigen, das konkrete Geborensein und soziale Behütetwerden im »senkrecht von oben«[8] einbrechenden Werk eines ganz anderen Gottes verschwinden zu lassen, leistet die Theologie der androzentrischen Vergesslichkeit Vorschub und stellt im gesetzgebenden Gottvater ein Modell zur Verfügung, an das der vermeintlich aufgeklärte Glaube an ein außerweltlich-abstraktes Vernunftgesetz anknüpfen kann.

Während einige Texte vor allem der hebräischen Bibel noch erkennbar die Vorstellung einer Kontinuität zwischen göttlichem Schaffen, weiblichem Gebären und Nähren und sozialem Behüten erkennen lassen, dominierte in der Geschichte des Christentums lange Zeit die Idee, Christenmenschen müssten sich ihrer Herkunft aus dem sündigen Leib der Mutter schämen, sich stattdessen umso mehr auf ihre geistige Abkunft von einem männlichen Schöpfer konzentrieren. Entsprechend wurde die christliche Taufe häufig nicht als *Bestätigung* des Geborenseins, sondern als dessen geistliche *Überwindung* gedeutet. In der frühen Kirche und im Mittelalter diskutierte man die Sündhaftigkeit des – oft mit Weiblichkeit verknüpften – Körpers ausführlich und etablierte sie als Gegensatz zu einem vergeistigten Göttlichen. Moderne Theologen neigen demgegenüber eher dazu, die menschliche Herkunft aus weiblichen Körpern überhaupt nicht mehr wahrzunehmen. So findet sich zum Beispiel im bekannten theologischen Nachschlagewerk RGG[9] ein dreizehnspaltiger Artikel zum Thema Tod, jedoch nur ein sehr kur-

8. Karl Barth 1978, 77 und passim.
9. Die Religion in Geschichte und Gegenwart, 4. Aufl., Tübingen seit 2000.

zer Text über »Geburt«, der keinerlei theologische oder philosophische Reflexion enthält. Die Theologische Realenzyklopädie[10] enthält 59 Seiten über »Tod«, jedoch keinen Artikel zu »Geburt«. Die denkerische Geburtsvergessenheit und damit die Weigerung, gott-menschliche Zusammenarbeit, ein mütterliches Subjekt und eine Dialektik von göttlicher und menschlicher Herkünftigkeit zu denken, reicht bis in die Gegenwart hinein. Sie führt zur Unterbrechung der ethischen Fließbewegung, zum Verlust des Wissens davon, dass Menschen darauf angewiesen sind, von anderen Menschen gut behandelt zu werden, um gut handeln zu können. Wird aber dieser Zusammenhang nicht mehr erkannt und gepflegt, braucht es den Mechanismus des Gesetzesgehorsams als Ersatz für die Weiterentwicklung und den Nachvollzug geburtlicher und sozialer Bezogenheit.

Feministische Denkerinnen haben auf die Abwertung oder Verdrängung des Geborenseins, die mit Fehlinterpretationen des menschlichen Daseins überhaupt einher geht, eindringlich hingewiesen. So hat Luce Irigaray das Nicht-Denken der Geburt als Teilaspekt eines ursprünglichen symbolischen Muttermords und der damit verbundenen Auslöschung weiblicher Genealogien gedeutet. In ihrem Werk geht sie diesem Zusammenhang in der gesamten westlichen Philosophiegeschichte bis hin zur Psychoanalyse nach.[11]

Erst in der jüngsten Vergangenheit gewinnt, angestoßen durch die feministische Kritik, die Einsicht an Boden, dass die

10. TRE, Berlin/New York seit 1993.

11. Luce Irigaray 1980 und 1991. Die Konsequenzen der Auslöschung der Geschlechterdifferenz, an deren Stelle sich ein einziges einheitliches männliches, häufig hinter dem Pseudonym »Mensch« verborgenes Subjekt setzt, sind Irigaray zufolge umfassend: »Konsumgesellschaft, Zirkularität des Diskurses, mehr oder weniger bösartige Krankheiten unserer Epoche, Untauglichkeit der Worte, Ende der Philosophie, religiöse Verzweiflung oder Rückfall in Religiosität, wissenschaftlicher oder technischer Imperialismus ohne Berücksichtigung des lebenden Subjekts usw.« (1991, 11).

Folgen der denkerischen Auslöschung von Geburtlichkeit und weiblicher Genealogie weit über die Geschlechterfrage im engen Sinne hinaus reichen in Dimensionen des Zusammenlebens, die scheinbar von ihr unabhängig sind: die ökologische Problematik, Fragen von Krieg und Frieden, Fragen der Ressourcenverteilung und der Gestaltung des Sozialstaates usw. Um all diese drängenden Probleme zu lösen, braucht es nicht mehr oder besser begründete Gesetze, Normen und Werte, sondern eine Wiederbelebung des Flusses von Beschenktwerden und Schenken. Kernstück dieser Bewegung ist das Neudenken des Geborenseins[12] als Modell guten Handelns und damit verbunden die Entwicklung einer Weltsicht der Freiheit in Bezogenheit.[13]

12. Vgl. Sara Ruddick 1993, Andrea Günter 2000, Karin Ulrich-Eschemann 2000, Christiane Kohler-Weiß 2003, Andrea Günter Hg. 2004 u.a.
13. Vgl. z.B. Ina Praetorius, Eva Pelkner/Michaela Moser/Gerlinde Mauerer u.a., Für eine Weltsicht der Bezogenheit. Salzburger Erklärung zur sogenannten Bioethik, in: Michaela Moser/Ina Praetorius Hg. 2003, 152-156. Vgl. auch Ina Praetorius Hg. 2005. Das Faktum menschlicher Bezogenheit wurde zwar auch in der Geschichte immer wieder gedacht, allerdings meist unter negativem Vorzeichen, z.B. als Verstrickung, Schuldverstrickung, Abhängigkeit, Heteronomie etc., das heißt als etwas, dem Menschen nach Möglichkeit entkommen sollten, um »frei« zu werden für »unabhängiges« Entscheiden. Hannah Arendt setzt mit ihrem »Bezugsgewebe menschlicher Angelegenheiten« einen neuen Anfang, da sie nicht davon ausgeht, dass die Bezogenheit verlassen, wohl aber, dass sie handelnd gestaltet werden kann.

Das lebensnotwendige Wissen um die gegenseitige Bedingtheit von gutem Leben und gutem Handeln, von göttlichem und menschlichem Schaffen, Natur, Tradition und denkendem Nachvollzug ist auch im Patriarchat nie ganz verloren gegangen. Es gibt Anknüpfungspunkte für eine postpatriarchale Neuentdeckung der Anfänglichkeit guten Handelns auch in der kanonisierten Theologie und Philosophie:

So umfasst der »Sinn und Geschmack fürs Unendliche«,[14] den Friedrich Schleiermacher als das Wesen des Religiösen bezeichnet hat, ausdrücklich den natürlichen Kosmos *und* »die Menschheit«. Im Schleiermacher'schen Augenblick der »Anschauung des Universums«[15] lösen sich die Grenzen zwischen dem natürlichen Kosmos, der umgebenden Menschenwelt und dem eigenen Ich auf: der religiös empfindende Mensch, der sich der Einwirkung des Universums »in kindlicher Passivität«[16] überlässt, empfindet eine einzige große Freude über das Ganze, als dessen Teil er sich erkennt. Zwischen der bestimmten Dankbarkeit für das Werk derer, die mein Leben tätig ermöglicht haben und weiter ermöglichen, und der umfassenden Frömmigkeit, wie Schleiermacher sie in seinen »Reden« beschreibt, gibt es nicht die scharfe Trennlinie, die viele Theologen und Philosophen zwischen Geschöpflichkeit und Geborensein gezogen haben. Frömmigkeit und bestimmte Dankbarkeit bilden für den jungen Schleiermacher ein Kontinuum, und als solches gewissermaßen das Fluidum, in dem sich gutes Handeln entfaltet:

> »... die religiösen Gefühle sollen wie eine heilige Musik alles Tun des Menschen begleiten; er soll alles mit Religion tun, nichts aus Religion.«[17]

14. Friedrich Schleiermacher 1958, 30.
15. Ebd. 31.
16. Ebd. 29.
17. Ebd. 38 f.

Nicht von ungefähr bedient sich der große Verfechter des Religiösen in einer Zeit moralischer Vernünfteleien der Metapher der liebenden Umarmung, wenn er die eigentliche Quelle des Guten bezeichnet.

In Dietrich Bonhoeffers theologischer Denkfigur der »Wegbereitung« taucht die Einsicht wieder auf, dass bestimmte soziale Bedingungen erfüllt sein müssen, bevor Menschen ihre Existenz angemessen verstehen und gestalten können:

»Wo ... ein menschliches Wesen der Bedingungen, die zum Menschsein gehören, beraubt wird, dort wird die Rechtfertigung eines solchen Lebens durch Gnade und Glauben, wenn auch nicht unmöglich gemacht, so doch ernstlich behindert. Konkret: der Sklave, dem die Verfügung über seine Zeit so weit genommen ist, dass er die Verkündigung des Wortes nicht mehr hören kann, kann durch dieses Wort Gottes jedenfalls nicht zum rechtfertigenden Glauben geführt werden. ... Der Verkündiger des Wortes, der nicht zugleich alles dafür tut, dass dieses Wort auch gehört werden kann, wird dem Anspruch des Wortes auf freien Lauf ... nicht gerecht. Es muss dem Wort der Weg bereitet werden. Das verlangt das Wort selbst.«[18]

Bonhoeffer wendet sich hier gegen die in der Theologie verbreitete Vorstellung eines weltlosen göttlichen Wortes, das die Menschen direkt vom Himmel erreicht, ohne auf die Vermittlung durch konkrete lebensfreundliche soziale Netze angewiesen zu sein.

Auch Denker in der Tradition der Kritischen Theorie bestehen darauf, dass gutes Handeln sich nicht aus bloßen logischen Operationen herleiten lässt, sondern immer schon gesellschaftliche Formationen voraussetzt, in denen die Regeln bis zu einem gewissen Grad Anwendung finden. Axel Honneth spricht in diesem Sinne von der notwendigen »Detranszendentalisierung der (praktischen I.P.) Vernunft«[19] . Die »anerkennungstheoretische Wende«[20] innerhalb der Kritischen Theorie und die Neigung et-

18. Dietrich Bonhoeffer 1981, 143.
19. Nancy Fraser/Axel Honneth 2003, 276.
20. Ebd. passim.

licher DenkerInnen, die zentrale Stellung zum Beispiel des Gleichheitsprinzips zugunsten überlieferter, material fassbarer Grundwerte zu verabschieden,[21] lassen sich als Wiederentdeckung der Angewiesenheit guten Handelns auf eine voraus liegende Qualität des natürlichen und sozialen Umfelds interpretieren.

Deutlicher noch als die Kritische Theorie hat die Denkbewegung des Kommunitarismus auf das Scheitern der prinzipienfixierten Moralphilosophie hingewiesen: Durch die »hartnäckig unhistorische«[22] Sichtweise moralischen Handelns habe sie sich ihrer eigenen Grundlage beraubt, nämlich der von allen Mitgliedern einer Gemeinschaft geteilten, überlieferten Vorstellung des Guten und damit der nur aus ihr ableitbaren Idee der Tugend. Einige Anhänger des Kommunitarismus tendieren allerdings dazu, den Ausweg aus der Sackgasse ahistorischer Moralbegründungen in einer Rückkehr zu traditionellen, sprich: patriarchalen Gemeinschaftsformen zu suchen.[23] So sehr sich feministische Denkerinnen mit der Kritik einer Moralphilosophie einverstanden erklären können, die die natürlichen, sozialen und historischen Wurzeln guten Handelns ausgerissen hat, so skeptisch stehen sie solchen Positionen gegenüber, die meinen, die Kritik der patriarchalen Struktur vergangener Gemeinschaftsformen überspringen zu können.

Dass Mitte und Modell der konkreten Herkünftigkeit das Geborensein jedes einzelnen Menschen bildet, dieser Gedanke findet sich ausgeführt im Werk Hannah Arendts. Ihr wird die Geburtlichkeit zum Dreh- und Angelpunkt eines angemessenen Verständnisses menschlichen Handelns in Freiheit:

> Das Handeln als die »Begabung für das schlechthin Unvorhersehbare ... beruht ausschließlich auf der Einzigartigkeit, durch die jeder von jedem, der war, ist oder sein wird, geschieden ist, wobei diese Einzig-

21. Angelika Krebs Hg. 2000.
22. Alasdair MacIntyre 1987, 25.
23. Z.B. ebd. 350 und passim.

artigkeit ... auf dem alles menschliche Zusammensein begründenden Faktum der Natalität beruht, der Gebürtlichkeit, kraft derer jeder Mensch einmal als ein einzigartiges Neues in der Welt erschienen ist. ... Handeln als Neuanfangen entspricht der Geburt des Jemand, es realisiert in jedem Einzelnen die Tatsache des Geborenseins.«[24]

Dieses im Denken des Geborenseins verankerte Verständnis von Handeln aus bezogener Freiheit gilt es weiter zu entwickeln.

Die Wiederentdeckung der ethischen Fließbewegung

Die meisten Ansätze Feministischer Ethik, so unterschiedlich gelagert sie auf den ersten Blick erscheinen mögen, lassen sich verstehen als ein gemeinsames Bemühen, den Fluss aus natürlichen und sozialen Gegebenheiten, lebensdienlichen Regeln und schöpferischem Tätigsein wieder ins Bewusstsein zu heben. In der entstehenden Weltsicht der Freiheit in Bezogenheit ist gelingende menschliche Sozialität innerhalb eines vorgegebenen, Leben immer neu ermöglichenden natürlichen Kosmos ausdrücklich als Entstehungsort von Werten, Regeln, Tugenden und tatsächlichen guten Taten benannt. Das Herkommen in einem umfassenden Sinne bleibt jedem Versuch, die Maßstäbe guten Handeln in einem jenseitigen Göttlichen oder in kontextfreien logischen Operationen zu begründen, vorgeordnet. Wurden Rechte und Pflichten im Patriarchat als »eine Art mathematisches Problem mit Menschen«[25] konstruiert, so erscheinen sie jetzt wieder als »Formalisierung von Hilfe und Fürsorge«.[26]

Die Aussage Carol Gilligans, bei dieser wesentlich von ihr in Gang gesetzten Denkbewegung handle es sich um eine »Erweite-

24. Hannah Arendt 1981, 167.
25. Carol Gilligan 1984, 39.
26. Ulrike Wagener u.a. 1999, 27.

rung der Perspektive«[27] ist allerdings nicht zutreffend. Denn tatsächlich geht es nicht um einen Zusatz zum Bisherigen, sondern um die Verschiebung des Gravitationspunktes ethischen Nachdenkens: Die Mitte der Ethik ist von nun an wieder die Frage, wie menschliche Beziehungen so gelingen können, dass aus ihnen Gemeinwesen entstehen, die ihrerseits Menschen befähigen, »sich für ein gutes Leben und Handeln nach Maßgabe der materiellen und natürlichen Bedingungen des Gemeinwesens zu entscheiden.«[28]

Die patriarchale Unterbrechung der Fließbewegung durch Geburtsvergessenheit und ein außerweltlich verstandenes Gesetz ist wie eine Wunde, die geheilt werden will. Die Wunde zu heilen bedeutet, Abschied zu nehmen von der androzentrischen Verwechslung erstrangiger und nachgeordneter Wirklichkeiten in allen ihren Variationen: So gilt es vor allem die jahrhundertealte Auffassung zu revidieren, bei der mütterlichen Schwangerschafts- und Gebärarbeit, der mütterlichen und manchmal väterlichen Nähr- und Erziehungsarbeit handle es sich um vorpolitische Instinkte und um eine Privatsache, die am besten von unterworfenen Menschen in isolierten, ökonomisch und politisch von Hausherren abhängigen Räumen möglichst kostengünstig und unsichtbar zu verrichten sei. In Wahrheit ist die verlässliche körperliche, soziale und geistige Ernährung von Anfängerinnen und Anfängern des Menschlichen das A und O guten Handelns und durch keinen Gesetzesgehorsam auch nur annähernd ersetzbar.[29] Sie muss ins Zentrum politischer Aufmerksamkeit gerückt werden und bedarf ausdrücklicher denkerischer Anerkennung und eigenständiger ökonomischer Absicherung. Denn Mütter sind nicht, wie Friedrich Hölderlin und viele andere meinten, ewig allliebende Göttinnen, sondern reale

27. Carol Gilligan 1984, 213.
28. Aristoteles, zitiert in Martha C. Nussbaum 1999, 32.
29. Vgl. Sara Ruddick 1993, 181: »Nur wenn Schwangere gut ernährt und sicher sind, ist Geburt für sie ein Grund zum Feiern.«

Töchter,[30] die der symbolischen Repräsentanz, der gesellschaftlichen Fürsorge und der ausdrücklichen politischen Wertschätzung bedürfen.

Der mütterlichen Nährarbeit sind andere Tätigkeiten verwandt, die man im Zeichen der vergehenden Unordnung systematisch trivialisiert hat: die kleinräumige, ökologisch intelligente Subsistenzwirtschaft[31] insbesondere in der sogenannten Dritten Welt, professionelle Pflege- und Erziehungstätigkeiten, zahllose Formen der sozialen, diakonischen, therapeutischen und seelsorgerlichen Arbeit. Weil solche »weiblichen« Tätigkeiten angeblich nicht oder zu wenig produktiv sind, werden sie im Patriarchat konsequent anderen Tätigkeiten nachgeordnet, die sich, durchschaut man die Fassade herkömmlichen Prestiges, häufig als zweitrangig, wenn nicht überflüssig erweisen, zum Beispiel der Produktion von Luxusgütern, »wissenschaftlichen« Tätigkeiten zur Aufrechterhaltung der alten Ordnung, bodenloser Geldvermehrung, unnötiger oder gar gefährlicher Hochtechnologieentwicklung und insbesondere dem Kriegshandwerk in allen seinen Varianten. Es gilt ausdrücklich zu sagen, dass alle Menschen zum guten Handeln Nahrung, Wohnung, Kleidung, Fürsorge, Geselligkeit, Ruhe und Sinn brauchen, nicht aber Kriege, Luxusgüter und immer mehr Geld, von dem sie sich nichts Sinnvolles kaufen können.

30. Vgl. dazu Andrea Günter Hg. 2004, 113-136.
31. Vgl. dazu Maria Mies 1997.

Achtes Kapitel
Das A und das O: der Segen

Wenn ich anfange darüber nachzudenken, wie die Bewegung von Nähren und Genährtwerden wieder in Gang kommen und wie sich das Zusammenleben im ausgehenden Patriarchat neu gestalten kann, dann erreichen mich Inspirationen aus der Bibel. Solche Denkanstöße aus den alten Texten, die meiner Vorstellungskraft zu Hilfe kommen, will ich in diesem Kapitel sammeln und ordnen.

Begegnung mit einer fernen Welt

Ich bin Gast geworden in fremdem Lande.
(Ex 2,22b)

In der Bibel ist nicht von Stammzellen die Rede, nicht von Hochgeschwindigkeitszügen und nicht von Nanotechnologie. Wer sich in biblische Texte vertieft, nimmt, vor allem Bewerten, Abstand von der Vorstellung, gutes Leben sei nur unter den Bedingungen der eigenen Gegenwart, zum Beispiel der westlichen Moderne oder Postmoderne möglich: ausgestattet mit Zentralheizung und Automobil, abgesichert durch Krankenkasse und Alarmanlage, in Reichweite von Supermarkt und Flughafen. Solchen Engführungen gegenüber Distanz zu nehmen, erweist sich als fruchtbar für ethisches Nachdenken. Denn in der Auseinandersetzung mit dem weit entfernten Text wird mir deutlich: Schon vor dem industriellen und postindustriellen Zeitalter gab es Konflikt, Kampf und Leid, aber auch Gerechtigkeit, Lebensfreude, Gesundheit und Freiheit. Schon vor der Erfindung des Rechtsstaates geschah es, dass Menschen einander gerecht wurden. Umgekehrt: Auch im Zeitalter der Präimplantationsdiagnostik und der Organtransplantationen leiden und sterben die Menschen.

In den zeitgenössischen Ethikdebatten des begüterten Westens geht solche Einsicht zuweilen verloren. Sie ist es wert, mit Hilfe der alten Texte neu entdeckt und ausdrücklich zur Weggenossin des Vordenkens gemacht zu werden: Die Frage danach, was zum guten Leben notwendig gehört und wie wir gut handeln können, lässt sich unabhängig von einem bestimmten Stand der kulturellen Entwicklung stellen und beantworten. Damit soll Armut nicht verharmlost und was wir »Fortschritt« zu nennen uns angewöhnt haben, nicht entwertet werden. Aber beides wird von den alten Texten her gesehen in seiner Bedeutung für das gute Zusammenleben relativiert. Die anfängliche Gewissheit, dass gutes menschliches Zusammenleben nicht angewiesen ist auf einen hohen Lebensstandard und dass es umgekehrt keinen technischen oder ökonomischen Fortschritt gibt, der als solcher gutes Zusammenleben garantieren könnte, ist der angemessene Ausgangspunkt der Ethik. Denn gutes Zusammenleben hängt heute wie vor zweitausend oder viertausend Jahren davon ab, dass Menschen sich dafür entscheiden, das Risiko der bezogenen Freiheit auf sich zu nehmen und sich selbst, einander und dem Lebensraum Welt Sorge zu tragen.

Viele biblische Texte verstehe ich nicht, andere leuchten mir unmittelbar ein. Manche Texte öffnen sich nach langem Studium, andere erst in existentiellen Krisen, manche verschließen sich nach einer Zeit des Verstehens wieder.[1] Wie Menschen aus der Ferne, so stellen mich auch ferne Texte vor die Aufgabe, mich auf ungewohnte Sichtweisen und Ausdrucksformen einzulassen. So führt gerade die Freundschaft mit Texten, die nicht zu den gängigen Lieblingstexten gehören, in eine Einstellung,

1. Diesen Zugang zur Bibel verdanke ich den Bibelleseprojekten der Kirchgemeinde Krinau und Bischöfin Maria Jepsen.

die Zwischenräume respektiert[2] und in jedem Augenblick auf die Überraschung gefasst ist, die mich von weit her erreicht.

In der Mitte: der Segen

Träufelt, ihr Himmel, von oben,
und die Wolken sollen strömen von Recht!
Die Erde tue sich auf, und es sprosse Heil,
und Segen wachse zumal! Ich, Gott, habe es geschaffen.
(Jes 45,8a)

Vergeltet nichts Böses mit Bösem oder Scheltwort mit Scheltwort, sondern im Gegenteil segnet, weil ihr dazu berufen seid, dass ihr Segen ererbt.
(1 Petr 3,9)

Die Bibel beginnt mit der Erzählung, in der Gott in sieben Tagen die Welt erschafft. Aus der ungestalteten Urflut schafft Sie zuerst Licht und Dunkelheit, dann Himmel, Land und Meer, Pflanzen, Gestirne, Tiere, Mann und Frau, schließlich den Ruhetag. Am Ende jedes Schöpfungstages blickt Gott auf Sein Werk und befindet es für gut. Am Schluss segnet der Lebendige mit dem Feiertag die ganze Schöpfung und ruht sich aus.

Die nachfolgende Geschichte Gottes mit den Geschöpfen ist voller Konflikte: Auf die Schöpfung folgt die Vertreibung aus dem Garten, der erste Mord, die große Flut, die alles Erschaffene wieder vernichtet – bis auf die Menschen und Tiere, mit denen die Ewige Lebendige einen Neuanfang wagt –, schließlich die

2. Vgl. dazu Luce Irigaray 1991 und Anne-Claire Mulder, Eine Ästhetik des Dazwischen: die ethische *Conditio sine qua non* eines friedlichen Zusammenlebens, in: Michaela Moser/Ina Praetorius Hg. 2003, 40-49.

verwickelte Geschichte der Erzeltern und des Gottesvolkes, das immer wieder zur Ordnung gerufen werden muss, der Weg aus der Sklaverei, die Gabe der Weisung, die Geschichte der Prophetinnen und Propheten, in die Jesus von Nazaret und seine NachfolgerInnen sich einreihen, die Visionen von einer zukünftigen friedlichen Welt.

Trotz allen Leids bleibt der anfängliche Segen Dreh- und Angelpunkt dieser Geschichte. Dass Gott Segen will für die Schöpfung, ist sogar der eigentliche Grund dafür, dass diese Geschichte so konfliktreich ist. Denn wäre Gott das Schicksal Ihrer Geschöpfe gleichgültig, weshalb sollte Sie sich um sie sorgen, über ihre Dummheit zornig werden, ordnend in ihre Geschicke eingreifen, das Volk aus der Gefangenschaft durch die Wüste ins gelobte Land führen, mit seinen Königen streiten, sich immer wieder versöhnen und zur Vergebung bewegen lassen?

Segen bedeutet konkret erfahrbare Fülle: Fruchtbarkeit von Mensch, Tier und Land, Sicherheit in Freiheit, Sattwerden, gute Gemeinschaft, Festfreude. Die Gewissheit, dass Gott dies alles für die Welt wünscht, ist Mitte und Ziel der biblischen Geschichte.

Die Erfahrung, dass Zufriedenheit, Glück und gutes Leben auf Segen als unverfügbare Gabe angewiesen sind und gleichzeitig neuen Segen schaffen, ist tausendfach erzählt und geht doch immer wieder verloren. In der Bibel selbst findet sich die Vorstellung, das Volk Gottes könne auf Kosten anderer, zum Beispiel seiner Nachbarn, gesegnet sein – eine Vorstellung, die die christlichen Kirchen allzu bereitwillig übernommen haben und die viel Leid und Krieg über die Menschheit gebracht hat. Von der Schöpfung und den ersten biblischen Erzählungen her gesehen aber ist deutlich, was auch in vielen weisheitlichen und prophetischen Texten, schließlich im Neuen Testament ausgesagt ist: Gottes Segenswunsch gilt der ganzen Erde mit allem, was auf ihr lebt, er gilt Seinem jüdischen Volk und allen anderen Völkern. Diesen Gedanken neu zu beleben, könnte zum Segen für die Welt im Zeitalter der Globalisierung werden. Er soll in der Mitte meiner postpatriarchalen Ethik stehen.

Geschichtlichkeit

Wandre vor ihren Augen von deinem Wohnort weg an einen andern Ort.
(Ez 12,3b)

Ich weiß nicht, ob es angemessen wäre, den Segen ein »Prinzip« zu nennen. Vielleicht ist der Segen das einzige biblische Prinzip, da er am Anfang steht und erklärtermaßen Gottes Wille bleibt bis zum ausstehenden Ende.

Alles übrige jedenfalls ist Geschichte:

Gott ist lebendig, das heißt: Gott handelt, greift ein, denkt sich immer neue Überraschungen aus. Auch die Menschen sind lebendig, handeln, überraschen einander, scheitern, fangen von vorne an, wandern aus, gehen weiter, erfinden Neues, heute zum Beispiel Wege aus der scheinbar unwandelbaren Zweiteilung der Welt. Gott hat Eva und Adam aus dem Garten vertrieben und ihnen Strafen auferlegt. Aber Gott hat sich nicht darauf festgelegt, dass Mühe und Herrschaft ewig andauern werden. Der Ewige wandert weiter, und wir mit Ihr.

Man hat diese genuine Geschichtlichkeit der biblischen Weltsicht in der Kirche, weniger im Judentum, unter Dogmen, Hierarchien, festgelegten Ritualen und Institutionen vergraben. Jesus Christus, der von einem Ort zum anderen zog wie seine nomadischen VorfahrInnen, hat man, getreu der androzentrischen Gewohnheit, den Lauf der Welt durch »Höheres« zu unterbrechen, zur letztgültigen Offenbarung erklärt. Vielleicht lassen sich Leben, Tod und Auferstehung Jesu Christi tatsächlich nicht überbieten, aber der Sinn von Geschichte liegt auch nicht darin, Vergangenes zu übertrumpfen. Die Geschichte ist nicht, wie Hegel meinte, ein Gipfelsturm, sondern ein Weg, der durch immer wieder neue Landschaften führt. Oft ist nicht sichtbar, wie die Welt nach der nächsten Kurve aussehen wird. Situationen wiederholen sich nicht, jede ist einmalig. Rezepte und Schnittmuster bleiben, aber jede Mahlzeit schmeckt anders, und Kleider müssen anders zugeschnitten werden je nachdem, wer sie tragen soll. Die Bibel begradigt Geschichte nicht, indem sie sie in einer ewigen Wahrheit aufhebt. Sie setzt ihr aber in Schöpfung und Weisung ein vertrauenswürdiges Herkommen und im ausstehenden, näher rückenden Gottesreich ein erstrebenswertes Ziel.

Götzenkritik

Ach, dieses Volk hat eine große Sünde begangen:
sie haben sich einen Gott aus Gold gemacht.
(Ex 32,31b)

Auf dem langen Weg vom guten Anfang zum verheißenen guten Ausgang gibt es Verirrungen: ein Gesetz, ein Ritual, eine Institution oder eine Ideologie nehmen zu viel Raum ein, biblisch gesprochen: setzen sich an den Ort, der dem Lebendigen gebührt. Die Bibel ist deshalb voll von prophetischer Götzenkritik: Berufene Frauen und Männer stehen auf und halten den Leuten den Spiegel des anfänglich gemeinten Segens vor. So konfrontiert Jesaja die zur toten Form erstarrte Fastenpraxis seiner ZeitgenossInnen mit dem Anspruch gerechten Handelns und verheißt als Lohn die Erneuerung des Lebensflusses:

Ist nicht das ein Fasten, wie ich es liebe: dass du ungerechte Fesseln öffnest, die Stricke des Joches lösest? Dass du Misshandelte ledig lässest und jedes Joch zerbrichst? Dass du dem Hungrigen dein Brot brichst und Arme, Obdachlose in dein Haus führst? Wenn du einen Nackten siehst, dass du ihn kleidest und dich den Geschwistern nicht entziehst? Dann wird dein Licht hervorbrechen wie die Morgenröte und deine Heilung eilends sprossen; deine Gerechtigkeit wird vor dir her gehen, und die Herrlichkeit Gottes wird deinen Zug schließen.« (Jes 58,6-8)

Im Gegensatz zum lebendigen Gott sind Götzen von Menschen gemacht, das heißt tot, erstarrt, unfähig, in Beziehung zu treten:

Ihre Götzen sind Silber und Gold, ein Machwerk von Menschenhänden.
Sie haben einen Mund und können nicht reden,
haben Augen und können nicht sehen,
sie haben Ohren und hören nicht …
(Ps 115,4-6a)

Die androzentrische Zweiteilung der Welt ist ein solcher Götze, der dem Fluss des Bezugsgewebes menschlicher Angelegenheiten im Wege steht. An die Stelle lebendiger Beziehungen der Menschen untereinander und der Menschen zum Sinn des Ganzen hat man scharfe Trennlinien gezogen zwischen wichtigen und weniger wichtigen, sprechenden und besprochenen, herrschenden und dienenden Menschen, unveränderbar höheren und niederen Sphären. Viele Frauen sind schon aufgestanden und haben öffentlich gesagt,[3] welche weitreichenden Schäden die statische Geschlechterordnung angerichtet hat: sie hat die tägliche sorgende Arbeit des sogenannt schwachen Geschlechts in vermeintlich »vorpolitische« Sphären[4] eingeschlossen und es so ermöglicht, dass die »männlichen« Bereiche Markt und Staat sich von ihrer Aufgabe, menschliche Bedürfnisse zu befriedigen und das Zusammenleben sinnvoll zu gestalten, ablösen konnten. Das Geld, erfunden als nützliches Tauschmittel, hat man zum

3. Zur postpatriarchalen Aktualisierung biblischer Prophetie vgl. Klara Butting 2001. Butting kritisiert eine feministische Exegese, die sich nur auf den Ausschluss und das Schweigen der Frauen konzentriert, denn diese produziere »ein geschlossenes Textgefüge, das der biblische Text ausdrücklich nicht sein will« (207). Nach Butting ist es heute die Aufgabe feministischer Auslegung, »den uneingelösten Hoffnungen verschwiegener Frauen und Männer« Ausdruck zu geben und so in der Überlieferung zu lesen, »was nie geschrieben wurde.« (200). Vgl. auch Thomas Staubli, Das dritte Testament, in: ders. 2002, 15-34.
4. Zu einer detaillierten Analyse der Konzeption von Haushalt und Familie als »vorpolitisch« und »in die Natur eingebettet« vgl. Ina Praetorius 1994 sowie die dort angegebene Literatur.

alles überstrahlenden Potenzsymbol gemacht. Eigennutz hat man zur vermeintlich allgemeinen, in Wahrheit allerdings nur bei bestimmten Männern akzeptierten Maxime erhoben und lebensnotwendige Tugenden wie Fürsorge, Umsicht und Geduld als »weibisch« abgewertet. So konnten aggressive Ideale wie Konkurrenzfähigkeit, lineare Effizienz, Zweckrationalität, Durchsetzungsfähigkeit, die innerhalb eines nicht zweigeteilten Gemeinwesens ihren guten Sinn haben, sich als »höhere« Ziele etablieren, während man die Bedingungen ihrer Möglichkeit in der Unsichtbarkeit verschwinden ließ, trivialisierte oder mit sentimentalen Mythen ewiger Weiblichkeit auflud – mit dem Ergebnis, dass Kriege, Unterdrückung, Elend, Ausbeutung, Gewalt gegen Frauen und Kinder, Zerstörung der natürlichen Lebensgrundlagen kein Ende nehmen.[5]

Könnte eine angemessene Reaktion auf diese Geschichte ein kirchliches Schuldbekenntnis sein?

Postpatriarchale Ethik jedenfalls nimmt die feministische Götzenkritik auf und sucht nach Wegen, jenseits der stereotypen Verkehrungen die Beziehung zum Lebendigen neu zu wecken.

5. Umfassende feministische Götzenkritik findet sich v.a. in Texten aus den achtziger Jahren des 20. Jahrhunderts, z.B. Mary Daly 1986, Susan Griffin 1987, Luce Irigaray 1980.

Der Sabbat

Also bleibt dem Volke Gottes eine Sabbatruhe übrig.
Denn wer in seine Ruhe eingegangen ist,
ruht auch selbst von seinen Werken wie Gott von den seinigen.
(Hebr 4,9f)

Die Prophetinnen und Propheten rufen nicht nur von der Anbetung toter Götter weg in die soziale Praxis, sondern auch aus dem eifrigen Tun in die Ruhe. Das Ziel der Schöpfung ist nicht, wie oft angenommen wird, der Mensch, sondern der Sabbat. Weil Gott am siebten Schöpfungstag von Ihrem Werk ausruhte, gelten regelmäßige Ruhezeiten auch dem Volk Gottes als wesentlich für den guten Gang des Zusammenlebens.[6]

Gott ruhte von Seinen Werken, weil Er zurückblicken, anschauen, sich freuen und Sein Tun als sinnvollen Zusammenhang in Erscheinung treten lassen wollte. Aus denselben Gründen ist es auch für Menschen wichtig, die Arbeit regelmäßig zu unterbrechen. Ruhen bedeutet Abstand nehmen vom zweckgerichteten Tun. Insofern Spiel und Unterhaltung das Sichlösen vom gewöhnlichen Tätigsein erleichtern, sind sie Teil der Ruhe. Die eigentliche Bedeutung des Feiertags liegt aber im rück- und vorausblickenden, manchmal langweiligen Versammeln und Sicheinordnenlassen all dessen, was passiert ist und getan wurde.[7] Oft ist es erst in einem ausgedehnten Warten möglich, den

6. Zu einer ausführlicheren Reflexion der postpatriarchalen Bedeutung des Feiertags vgl. Ina Praetorius, Den Sonntag bewahren heisst den Sonntag erfinden, in: dies. 2002, 186-192.
7. Die Grundbedeutung von »Lesen« (lat. legere) ist: Auslesen, Versammeln, Ordnen. Lesen bedeutet, »die Verbindung zwischen Worten verstehen und ihren Sinn herausfinden.« (Andrea Günter Hg. 2004, 11). In diesem umfassenden Sinne verstanden ist Lesen ein wesentlicher Bestandteil des Ruhens, was auch viele monastische Traditionen lehren.

Sinn eines Geschehens zu erkennen und seine Beziehung zu anderen Geschehnissen und zu Handlungen, die noch in der Zukunft liegen, entstehen zu lassen. Sich auszuruhen heißt, in aktiver Passivität dem Getanen Zeit zu lassen, sich auf einen umfassenden Sinn hin zu ordnen. Sinnloses, lebensfeindliches Tun enthüllt sich oft erst in der Stille als solches, was vielleicht erklärt, dass die Sonntagsruhe im Patriarchat immer wieder zur leeren Pflicht erstarrt oder neuerdings zur »Freizeitaktivität« wird.

Anders als die alten Griechen und ihre Nachfolger, denen das müßige Anschauen, die *Theoria*, als Privileg freier Männer gilt, spricht die Tora die Sabbatruhe allen Menschen und sogar den arbeitenden Haustieren zu. Denn alle sollen sich Zeit lassen, neu zu Kräften zu kommen und den Sinn ihres Tuns in der Stille die Gestalt gewinnen zu lassen, aus der neues nährendes Tun sich ergibt. Dem wöchentlichen Feiertag ist das tägliche Gebet verwandt. Auch Beten heißt von zweckgerichteter Aktivität ausruhen, für Gelungenes danken, Fehlschläge beklagen, Schöpferkraft loben und das Ganze transparent werden lassen für das klärende und erneuernde Licht, das auf den Zusammenhang meines Daseins mit dem der anderen fallen will.

Auch die Ethik ist angewiesen auf feiertägliche Ruhe. Sie ist Arbeit, insofern sie sich aktiv in der Wirklichkeit kundig macht, argumentiert, debattiert und dabei die Anstrengung des Begriffs nicht scheut. Verankert aber ist das Nachdenken über das Gute, wie jede Art von Tätigkeit, im ruhigen Anschauen.

Freiheit in Bezogenheit[8]

Denn was ich vollbringe, erkenne ich nicht.
(Röm 7,15a)

Den biblischen Schöpfungsberichten ist nicht eindeutig zu entnehmen, ob Gott die Menschen schon als freie Wesen geschaffen hat. In der Paradiesgeschichte jedenfalls erscheint der neugierige Griff Evas nach der Urteils- und Handlungsfähigkeit als strafwürdig. Am Sinai aber hat Gott Ihrem Volk zusammen mit der Weisung ausdrücklich die Freiheit zugesprochen, nachdem Sie es aus der Sklaverei geführt hatte.

Weisung, Freiheit und menschliches Bezugsgewebe bilden vom Exodusgeschehen her gesehen einen engen Zusammenhang. Ich meine, dass Hannah Arendt dem wesentlich hier beheimateten biblischen Begriff von Freiheit sehr nahe kommt, wenn sie ihn gegen das gängige moderne Verständnis der Freiheit als Willens- oder Gedankenfreiheit abgrenzt. Nach Arendt ist Freiheit gerade nicht Souveränität als »Unabhängigkeit von allen anderen und gegebenfalls das Sich-Durchsetzen gegen sie«,[9] vielmehr das vorantreibende Element in der unaufhebbaren Pluralität des Bezugsgewebes menschlicher Angelegenheiten:

> »Ursprünglich erfahre ich Freiheit und Unfreiheit im Verkehr mit anderen und nicht im Verkehr mit mir selbst. Frei *sein* können Menschen nur im Bezug aufeinander, also nur im Bereich des Politischen und des Handelns; nur dort erfahren sie, was Freiheit positiv ist und dass sie mehr ist als ein Nicht-gezwungen-Werden. ... Solange man handelt, ist man frei, nicht vorher und nicht nachher, weil Handeln und Frei*sein* ein und dasselbe sind.« [10]

8. Vgl. zu diesem Kapitel auch: Ina Praetorius, Advent fürs Business. Oder: warum der freie Markt unfrei und Weihnachten frei macht, in: dies. 2002, 150-161.
9. Hannah Arendt 1994, 213.
10. Ebd. 201, 206.

Arendt folgend meint Freiheit, dass Menschen als qua Geburt unaufhebbar Verschiedene sich aktiv voneinander unterscheiden, indem sie »etwas Neues anfangen«,[11] sich so einander zu erkennen geben und etwas in Bewegung bringen, dessen Ergebnis nicht vorhersehbar ist:

Der Neuanfang, der im freien Handeln gesetzt wird, »steht stets im Widerspruch zu statistisch erfassbaren Wahrscheinlichkeiten, er ist immer das unendlich Unwahrscheinliche; er mutet uns daher, wo wir ihm in lebendiger Erfahrung begegnen ... immer wie ein Wunder an.«[12]

Frei zu sein bedeutet also gerade nicht, sein eigener Herr zu sein, indem man die eigenen Taten wie »Produkte« souverän kontrolliert. Denn weil Handeln sich immer im gemeinsamen Raum mit anderen ereignet, sind seine Ergebnisse stets »unintendierte Geschichten, die sich ergeben, wenn bestimmte Ziele verfolgt werden, und die sich für den Handelnden selbst erst einmal wie nebensächliche Nebenprodukte seines Tuns darstellen mögen.«[13]

Weil also menschliche Freiheit nicht der Herstellungslogik unterliegt, weil sie niemals zielgerichtetes »Umsetzen« einer Maxime in die Wirklichkeit sein kann, sondern ihr die Qualität des Unvorhersehbaren, gleichzeitig Unwiderruflichen eignet, sind wir angewiesen auf Vergebung:

»Das Heilmittel gegen Unwiderruflichkeit – dagegen, dass man Getanes nicht rückgängig machen kann, obwohl man nicht wusste, und nicht wissen konnte, was man tat – liegt in der menschlichen Fähigkeit zu verzeihen.« ... Und »was das Verzeihen innerhalb des Bereiches

11. Hannah Arendt 1981, 166.
12. Ebd. 167.
13. Ebd. 174. Vgl. auch Sharon D. Welch 2000, 37: »In trading an ethic of control for an ethic of risk, and in living out this ethos, we can neither undo the past nor control the future. But we can learn from the past, and we can live creatively, responsibly, and compassionately in the present.«

menschlicher Angelegenheiten vermag, hat wohl Jesus von Nazareth zuerst gesehen und entdeckt.«[14]

Dieses von Hannah Arendt neu entfaltete biblische Verständnis der Freiheit führt zurück zu meiner Aussage, dass Prinzipien und ihre korrekte Begründung sinnvollerweise nicht die Mitte des ethischen Nachdenkens bilden sollten:[15] Dass Menschen Handelnde sind, hat nämlich zur Folge, dass sie beim besten Willen nie in der Lage sein werden, moralische Regeln so in die Wirklichkeit zu bringen, dass eintrifft, was sie wollen. Weil Handeln nur im gemeinsamen Raum zusammen mit anderen geschieht, die ebenfalls frei sind, lassen sich Prinzipien oder Gesetze nicht der Wirklichkeit implantieren, sondern nur zuversichtlich befolgen, in der Hoffnung, mein Tun möge mir und anderen zu Nutz und Frommen dienen und mir möge vergeben werden, wenn etwas ganz anderes dabei heraus kommt, als ich mir vorgestellt habe.

Vielleicht kommt im biblischen Begriff der »Sünde« die Ratlosigkeit angesichts dieser bedrohlichen menschlichen Fähigkeit zum Ausdruck, zu tun, was man nicht will. Die Überlegungen, die Paulus etwa im siebten Kapitel des Römerbriefes über den Zusammenhang von Gesetz, persönlichem Wollen, Freiheit und den Folgen des Handelns anstellt, hören sich jedenfalls ziemlich ratlos an. In einem nicht moralistischen Sinne von Sünde zu sprechen, könnte bedeuten, die Tatsache anzuerkennen, dass niemand das eigene Dasein und Handeln im Griff haben kann, dass also jeder und jede jederzeit damit rechnen muss, dass etwas, das ich – gutwillig oder böswillig – getan habe, verheerende Folgen nach sich zieht. So verstanden lässt sich Sündigkeit tatsächlich, wie Paulus feststellt, nicht durch Gesetz oder Moral besiegen, sondern nur durch Vertrauen. Denn kein Gesetz und keine Moral kann die Tatsache aus der Welt schaffen, dass die Folgen menschlicher Handlungen unabsehbar sind.[16]

14. Ebd. 231, 234.
15. Vgl. Kap. 4.
16. Auch von »Erbsünde« zu sprechen wäre sinnvoll, wenn ich damit

Wohl aber können Menschen im Vertrauen auf den Sinn des Ganzen schöpferisch tätig werden, wenn sie sich in einer guten Weisung und in einem Bezugsgewebe aufgehoben wissen, auf deren korrigierende Eingriffe Verlass ist. Sie müssen dann auch nicht stets erwachsen und vernünftig sein wie der Mann der Moderne. Die Bibel ist deshalb voll von klaren und starken Gefühlen: Hass, Verzweiflung, Todessehnsucht, Langeweile, Überdruss, Freude und Verzückung. Und sie ist voll von deutlichen Ausdrucksformen der Zwischenmenschlichkeit: Weinen, Klagen, Lachen, Bitten, Danken, Flehen, Fluchen, Segnen. Weil das Gute, biblisch verstanden, seinen Ursprung nicht in den klugen Köpfen einzelner Männer, sondern im Bezugsgewebe menschlicher Angelegenheiten hat, das nicht kontrollierbar, dem aber Gottes Segen zugesagt ist, sind die Menschen frei, schwach oder stark, müde, wach, alt, jung, verliebt oder zornig, krank, verzweifelt oder überströmend glücklich zu sein und einander von der Vielfalt des Menschlichen großzügig mitzuteilen.

Gott

Niemand ist gut außer Gott allein.
(Mk 10,18b)

Und der Friede Gottes, der allen Verstand überragt,
wird eure Herzen und eure Gedanken bewahren, in Christus Jesus.
(Phil 4,7)

Einmal war ich an einer Diskussion beteiligt, in der es um die Frage ging, wie sich das Wort »Gott« übersetzen ließe in die Sprache derer, die mit diesem Wort nichts anfangen können.

ausdrücken will, dass die Unfähigkeit, das Gute herzustellen wie einen Gegenstand, sich von Generation zu Generation fortsetzt.

Als ich vorschlug, Gott den *Sinn des Ganzen* zu nennen, gab es Proteste: das sei zu wenig, hieß es, das werde der Größe und Allgegenwart, der Personalität Gottes nicht gerecht, und wo bleibe da die Abgründigkeit des Göttlichen, die Erfahrung des Hiob? – Ich weiß: Gott lässt sich nicht übersetzen in ein patentes Wort, das allen jederzeit zugänglich ist. Trotzdem hören fromme Menschen nicht auf, immer neue Ausdrucksformen zu suchen, um auch denen, die eine andere als die eigene Sprache sprechen, zu vermitteln, was ihnen Gott bedeutet.

Für mich ist es unvorstellbar genug, dass all die unübersichtlichen Wege der Milliarden Erdenbewohnerinnen und Erdenbewohner alles in allem einen guten Sinn ergeben könnten. Dieser Sinn, wenn es ihn denn gibt, übersteigt meine Vernunft. In ihm, wenn es ihn denn gibt, ist all mein Nachdenken, Tätigsein und Ausruhen, sind auch die Geschichten von abgründigem Leid, von denen die des Hiob nur eine ist, aufgehoben. Er lässt sich nicht beweisen, aber als Horizont annehmen, in den alles gestellt ist. Göttliches INTER-ESSE[17] kann ich vielleicht in seltenen Lichtblicken erahnen. Diesseits des mystischen Augenblicks gibt es die Möglichkeit, den Zeugnissen meiner Vorfahrinnen und Vorfahren zu vertrauen, die mir als ein reicher Schatz aus Bildern und Texten zugänglich sind und vom immer neuen Dabeisein des ICH BIN DA (Ex 3,14) erzählen.

Das ICH BIN DA der Bibel nimmt mir viele Sorgen ab: die Sorge darum, was vor meiner Geburt war und was nach meinem Tod sein wird, auch die Sorge darum, welchen Sinn das Leid ergibt, das auch bleiben wird, wenn »die Verhältnisse« vielleicht einmal ganz gut und gerecht sein werden. Entgegen einer gängigen Meinung enthält die Bibel wenig Spekulation über Belohnungen oder Strafen nach dem Tod, hingegen viele tröstliche Aufforderungen, diese Sorge Gott zu überlassen und sich dem zuzuwenden, was mir als Aufgabe gegeben ist: der Welt, die von mir mitgestaltet werden will. In Jesu Christi Geburt, Leben, Tod

17. Inter-Esse lat.: Dazwischen-Sein.

und Auferstehung hat sich diese Zuversicht auf geheimnisvoll offenbare Weise erneuert. Der INBEGRIFF DER BEZOGENHEIT nimmt mir auch die Sorge um meine Identität,[18] meine Reputation und die Wirkungen meines Seins und Tuns ab. Denn nicht die anderen können mich kennen, da ich mich ja selbst nicht kenne. DIE LEBENDIGE aber kennt mich, das wussten schon meine Mutter, meine Großmutter und meine Tante. Weshalb sollte ich ihnen, die am Anfang meines Lebens mit mir gingen, weniger vertrauen als verzweifelten Besserwissern? Gott ist die andere Seite meines Nichtwissens, die erscheint, wenn ich mich entscheide, mein Dasein als sinnvolles Mitsein im Bezugsgewebe Welt anzuerkennen.

Dass das Gottvertrauen in der Mitte meines ethischen Nachdenkens kein Privileg behüteter bürgerlicher Frauen sein möge, diese Hoffnung geben mir Geschichten wie diese, die Hadwig Müller in ihrem theologischen Tagebuch aus Brasilien erzählt:

»08.06.1985. Sao Paulo. Samstagmorgen in Itaquera. Die Familien, die an dem »movimento dos sem terra« (Bewegung der Landlosen in Brasilien IP) teilnehmen und darum kämpfen, ein Grundstück mit Baumaterial erwerben zu können, auf dem sie in Gemeinschaftsarbeit ihr Haus bauen werden, erneuern (der kirchlichen Gemeinwesenarbeiterin gegenüber IP) ihre Angaben über ihre soziale und wirtschaftliche Situation.
Besonders unter den 130 an der Bewegung teilnehmenden Familien unseres Viertels – Vila Progresso – sind viele, die kein geregeltes Einkommen haben und mit weniger als einem Mindestlohn ihren Lebensunterhalt bestreiten müssen. Als wiederum eine Frau solche Angaben

18. Entgegen vielen anders lautenden Äußerungen scheint mir der gegenwärtige, insbesondere von den Texten Judith Butlers inspirierte dekonstruktivistische Trend in der Geschlechterforschung noch immer stark von der Frage nach Identitäten geprägt zu sein. Denn auch wenn ich mich bemühe, traditionelle Identitäten nach Kräften zu negieren, bleibe ich – in der Opposition – der Frage nach der Identität, zum Beispiel der Geschlechtsidentität, verhaftet.

> macht, rutscht mir schließlich die Frage heraus: <Aber wie lebt ihr denn von diesem bisschen?> Sie blickt mich an und antwortet ohne zu zögern mit dem einen Satz: <Deus é maior> – <Gott ist größer.> ... Sie hat in drei Worten das Wichtigste gesagt – nicht nur das Wichtigste, was sie wusste, sondern vor allem das Wichtigste für ihr Leben.«[19]

Diese Geschichte erzählt vom biblischen Gott, der an der Seite der Armen lebt. Es ist kein magischer Gott der unsichtbaren Kühlschränke, sondern Eine, die mich und alle geduldig einlädt, am weltumspannenden Werk des guten Zusammenlebens mitzuwirken.

Geistesgegenwart

Und siehe, ich bin bei euch alle Tage
bis an das Ende der Welt
(Mt 28,20b)

In Jesus Christus hat Gott die anfängliche Zusage erneuert, bis ans Ende der Tage Ihren Segen nicht von uns zu nehmen. Was nach Christi Himmelfahrt mit uns geht, nennen die Kirchen, anknüpfend zum Beispiel an Joh 15,26 den Heiligen Geist.

Die Heilige Geistkraft weht, wo sie will. Von Kirchenmauern lässt sie sich nicht beengen. »Macht in Beziehung« [20] hat Carter Heyward sie genannt, als Inter-Esse, als Dazwischen-Sein Gottes lässt sie sich erfahren, als Ruach[21] hat die Frauenkirche sie sich vertraut gemacht. Die Gewissheit, dass es göttliche Geistkraft ist, die uns auf dem Weg aus den starren Mauern des Patriarchats ins Freie begleitet, schenkt Zuversicht und Geduld und lässt im

19. Hadwig Müller 1998, 119 f.
20. Carter Heyward 1986 passim.
21. Helen Schüngel-Straumann 1992.

sorgsamen, manchmal mühsamen Verschieben und Umräumen, Neubenennen und In Ordnung Bringen immer neue Anfänge finden.
Ein Abendgebet aus der Frauenkirche begleitet mich seit Jahren:

Geist, Fülle des Lebens, die du über den Wassern schwebtest vor aller Zeit. Geist, Fülle des Lebens, die du Menschen stärktest zu allen Zeiten.
Geist, Fülle des Lebens, die auch uns verheißen ist,
Lass uns dich erfahren
An diesem Abend und alle Tages unseres Lebens.

(Irene Löffler Meier)

Neuntes Kapitel
Gut handeln im ausgehenden Patriarchat

Siehe, wie fein und lieblich ist es,
wenn Geschwister einträchtig beieinander wohnen.
(Ps 133,1)

In einer alarmgesicherten Villa am Zürichsee erklärt ein pensionierter Geschäftsmann seiner alzheimerkranken Ehefrau zum hundertsten Mal den Gebrauch eines Handtuchs, während in der nahen Stadt ein Mittvierziger an einer Pressekonferenz seinen Rücktritt als Geschäftsleiter eines großen Unternehmens bekannt gibt, das er durch haltlose Spekulationen in den Ruin getrieben hat. Eine junge Molekularbiologin sitzt an ihrem Schreibtisch und schreibt eine Bewerbung an einen Pharmakonzern, in dem sie nicht arbeiten will, derweil eine kroatische Familienmutter in der Seniorenresidenz einer greisen Psychoanalytikerin auf die Toilette hilft. In Tokio posiert ein Model im Bikini vor einer Kamera, während ein zehnjähriger Junge an einer Straßenkreuzung in Rio Kaugummi verkauft, eine schwangere Lehrerin in Hamburg über die Ergebnisse pränataldiagnostischer Untersuchungen verzweifelt ist und in einem Slum vor Mumbai eine Vierzehnjährige ihr zweites Baby gebiert. Ein Student in Seattle verständigt sich per E-Mail mit seiner Johannesburger Kollegin über eine Demonstration in Mailand, an der beide sich bald treffen werden, während in Kampala Maria an AIDS stirbt und ich im Garten einen Liegestuhl aufstelle.

Das Bezugsgewebe menschlicher Angelegenheiten ist komplizierter als »ein ungeheuer kompliziertes Schachbrett«.[1] Gut zu handeln bedeutet, sich täglich wie neu geboren in solcher Komplexität zu bewegen, im Vertrauen auf einen Sinn des Ganzen,

1. Hannah Arendt 1981, 184.

der sich manchmal bruchstückhaft erspüren, aber nie ganz erfassen lässt, bezogen auf die gute Weisung des Lebendigen, schöpferisch frei.

Mit dem Anfang anfangen

Ist es so dass dein Blick die Welt in Scheiben sägt
Ist das so? Ich meine muss das so?
... Ist das so oder ist es vielleicht viel leichter?
(Judith Holofernes von »Wir sind Helden«)

Im Patriarchat hat es sich eingebürgert, das Nachdenken über gutes Zusammenleben mit Abgrenzungen zu beginnen, die das angstauslösende Komplizierte scheinbar vereinfachen: Man trennt rationale Argumentationen von Gefühlen, man trennt Gerechtigkeit von gutem Leben, Gut von Böse, Denken von Tun. Man scheidet Sozialethik von Individualethik, Ökonomie von Politik von Familie von Krieg. Man zieht Grenzen zwischen Fundamentalethik und angewandter Ethik, danach zwischen bio-, sexual-, familien-, wirtschafts-, medien- und umweltethischen Fragen, und man meint, alles werde gut, wenn jedes einzelne moralische Dilemma in Übereinstimmung mit dem Vernunftgesetz gelöst sei.

Kategorien haben ihren guten Sinn, wenn sie helfen, die Gedanken zu ordnen und eins nach dem anderen zu tun. Oft bringen sie mich dazu, das Ganze aus dem Blick zu verlieren. Deshalb beginne ich mit einem Satz, den mir meine Vorfahrinnen und Vorfahren mitgegeben haben, weil er schon ihnen als wesentlicher Orientierungspunkt täglich neu geborenen Handelns vermittelt wurde:

Und Gott schuf Menschen nach seinem Bilde, nach dem Bilde Gottes schuf er sie. Als Mann und Frau schuf er sie. (Gen 1,27)

Auch dieser uralte Satz reduziert Komplexität, allerdings nicht auf Kosten meines Wunsches, jenseits zerkleinernder Gewohnheitsreden etwas Sinnvolles darüber auszusagen, wie wir Menschen so da sein und handeln können, dass unser Zusammenleben auf diesem einzigartigen Planeten Erde gelingt, den sechs Milliarden Menschen in immer neuen Generationen zusammen mit unzähligen anderen Lebewesen bewohnen wollen.[2]

Wenn ich bete, spüre ich manchmal am eigenen Leib, wie der Boden, auf dem ich liege, auf dem ich schon als Säugling lag, sich in alle Richtungen ausdehnt, sich schließlich zu dem Erdball zusammen fügt, auf dem sechs Milliarden Menschen stehen, liegen, sitzen, beten, geboren werden, leiden, sterben. Auch die Luft, auf die ich seit meinem ersten Atemzug angewiesen bin, die ich auch hier und jetzt ein- und ausatme, verbindet mich mit allen anderen Kreaturen, die wie ich Luft zum Leben brauchen. Während Kants kategorischer Imperativ mir die Gleichheit aller Menschen und meine Verpflichtung ihnen gegenüber in der Art einer mathematischen Formel vor Augen führt, legt mir solches Meditieren meine Bezogenheit ins Herz.

Jetzt ist es nicht mehr schwierig, jenseits all der Abgrenzungen, die das patriarchale ›Teilen und Herrschen‹ mir einverleibt hat, zu empfinden, woran ich mich täglich neu orientieren kann: an dem Wissen, dass sich alle Menschen ähneln, auch wenn Welten zwischen ihnen zu liegen scheinen: Alle Menschen bewohnen dieselbe Erde und atmen dieselbe Luft, alle wurden von Müttern geboren, am Anfang ihres Lebens von Mitmenschen umsorgt. Alle haben Wünsche und Begabungen und brauchen Nahrung, Luft, Sinn, sauberes Trinkwasser, ein gewisses Maß an Sicherheit, eine Betätigung und einen Ort, an dem sie schlafen können. Alle leben in einem Gemeinwesen, das ein Teil des Gemeinwesens Welt ist, und alle verständigen sich mit anderen in Mimik, Gestik, Sprache und vielen anderen Ausdrucksformen. Von einem bestimmten Alter an befol-

2. Vgl. S. 9

gen alle Menschen Regeln, von denen andere ihnen gesagt haben, dass sie gutes Zusammenleben fördern. Und fast alle sind bereit, ihre Begabungen und Wünsche so ins Zusammensein einzubringen, dass es ihnen und anderen wohl ist. Alle Menschen sind in jeder Minute ihres Lebens vom Tod bedroht. Und alle freuen sich, wenn sie geliebt und anerkannt werden.

Die Empfindung, dass uns Frauen und Männern bei aller Verschiedenheit all dies gemeinsam ist, hat Ausdruck gefunden in der Vorstellung der Gottebenbildlichkeit der Menschen, dem die stoische Idee vom gleichen Wert aller Erdenbürger korrespondiert.[3] Aus diesem Grundwissen leiten sich die unterschiedlichsten Rechtssätze und Handlungsformen wie das Almosengeben, das Asylrecht oder die Armenfürsorge ab. In der Moderne entwickelte sich aus den antiken Wurzeln der Begriff der unverlierbaren Menschenwürde, auf dem die allgemeinen Menschenrechte, Institutionen wie der Sozialstaat, das staatliche Bildungswesen, die modernen diakonischen Werke oder die weltweite Entwicklungshilfe ruhen. Obwohl die Idee der unantastbaren gleichen Würde jedes einzelnen Menschen immer wieder von Ausschlussmechanismen[4] unterlaufen wird, schließen sich immer neue politische und denkerische Befreiungs- und Erneuerungsbewegungen an sie an, in neuester Zeit zum Beispiel die weltweite Globalisierungskritik oder der »Fähigkeitenansatz« in der Ethik.[5] Auch mein Nachdenken darüber, was es bedeutet, im ausgehenden Patriarchat gut zu handeln, schließt an dieses überlieferte Wissen an.

3. Vgl. Ina Praetorius, Die Würde der Kreatur. Ein Kommentar zu einem neuen Grundwert, in: dies. 2000, 97-137, sowie die dort angegebene Literatur.
4. Vgl. Kap. 4.
5. Vgl. vor allem die Publikationen von Martha C. Nussbaum.

Proviant

Gib uns heute unser tägliches Brot
(Mt 6,11)

Verallgemeinerbare Regeln zu kennen und zu befolgen, die einen begrifflichen Bezug herstellen zwischen meinem Tun und den Ansprüchen der anderen, ist von einer gewissen, begrenzten Bedeutung für das tatsächliche gute Handeln. Mindestens ebenso wichtig ist es, selbst gut versorgt zu sein und informiert darüber, wie es mir und wie es den anderen, auch den weit von mir entfernten WürdeträgerInnen geht.[6] Wesentlich ist auch die Fähigkeit, mich über alle Grenzen hinweg vom Ergehen anderer in meinem Gefühl berühren zu lassen,[7] und die Lust, die eigenen Wünsche und Begabungen zu entdecken und sie schöpferisch ins weltweite Bezugsgewebe der gleichen Verschiedenen einzubringen, gegebenenfalls gegen gängige Auslegungen von Gesetz und Herkommen. Der Dreh- und Angelpunkt guten Handelns ist wohl die Fähigkeit, es schön und interessant zu finden, dass Milliarden von Menschen in immer neuen Generationen zusammen mit unzähligen anderen Lebewesen diese eine Erde gut bewohnen wollen.

Der notwendige Proviant, den jeder Mensch braucht, wenn er in der Welt unterwegs ist, lässt sich in Form von sozialpolitischen Postulaten formulieren, die längst allgemein bekannt sind: Wissenschaft, Medien und Bildungsinstitutionen müssen objektiv, vollständig und transparent über den Zustand der Welt informieren. Elternhäuser – die Häuser der Älteren – und Schulen sollen Kinder zu beziehungs- und kritikfähigen sensiblen Mitmenschen erziehen. Weltwirtschaft, Staaten und andere In-

6. Vgl. schon die zentrale These von Carol Gilligan 1984.
7. Vgl. Carola Meier-Seethaler 1997, Martha C. Nussbaum, Gefühle und Fähigkeiten von Frauen, in: dies. 1999, 131-175.

stitutionen haben dafür zu sorgen, dass alle mit allen lebensnotwendigen Gütern versorgt werden. Religiöse Gemeinschaften erfüllen ihre Aufgabe dann, wenn sie das Gespräch über Sinnfragen lebendig halten. Die Medizin soll dafür sorgen, dass Menschen nicht unnötig krank sind und dass sie, wenn möglich, von ihren Krankheiten geheilt werden. Eine zentrale sozialpolitische Forderung, die dem Patriarchat ein Ende setzt, wird erst seit einigen Jahren ausdrücklich erhoben und ist noch längst nicht allgemein akzeptiert, geschweige denn verwirklicht: Diejenigen Menschen, die die Anfängerinnen und Anfänger des Menschlichen in Empfang nehmen und ins Erwachsenenleben begleiten, die für die tägliche Erneuerung der Arbeitskraft und das würdige Sein derjenigen sorgen, die nicht dem Maßstab des starken Mannes entsprechen, brauchen volle gesellschaftliche Anerkennung, symbolische Präsenz und eine unabhängige ökonomische Absicherung, die dem Wert ihres Tuns entspricht.[8]

Von der planmäßigen Verwirklichung solcher Forderungen hin zu den freien Handlungen einzelner Menschen und wieder zurück mäandert der Strom von Nähren und Ernährtwerden:[9] Wenn die vierzehnjährige Mutter im indischen Slum eine schöne Wohnung und Unterstützung bekommt, um gut mit ihrer Familie leben zu können, dann wird ihr Sohn vielleicht eines Tages dazu beitragen, dass alle Einwohnerinnen und Einwohner Mumbais Zugang zu sauberem Trinkwasser bekommen, und die Tochter wird womöglich irgendwo auf der Welt in einem Labor ein Medikament entwickeln, das die Alzheimersche Krankheit heilt. Die junge Molekularbiologin wird, sobald sie auf ein leistungsunabhängiges Grundeinkommen[10] zählen kann, vielleicht dem ungeliebten Pharmakonzern den Rücken

8. Vgl. Christof Arn 2000, Angelika Krebs 2002 u.a. Vgl. auch die feministische »Hausarbeitsdebatte« in den siebziger Jahren des zwanzigsten Jahrhunderts.
9. Vgl. das englische »Feed-back«.
10. Vgl. Antje Schrupp u.a. 2004.

kehren, um in einem Schulprojekt in Rio den Jungen, der jetzt nicht mehr auf der Straße Kaugummi verkauft, für die Zusammenhänge der Lebens zu begeistern. Und wenn die Studentin aus Johannesburg den Mut aufbringt, an der Demonstration in Mailand eine Rede über die Notwendigkeit weltweiter Pressefreiheit zu halten, dann wird dies vielleicht der letzte Anstoß sein, damit im italienischen Parlament das neue Pressegesetz verabschiedet wird, das den JournalistInnen die Freiheit zurück gibt, die sie brauchen, um objektiv, vollständig und transparent über den Zustand der Welt zu informieren.

Die Quelle und die Mündung des Flusses von Nähren und Ernährtwerden sind mir nicht sichtbar. Sie sind in Gott verborgen.

Hindernisse und Anfänge

Sehet die Vögel des Himmels an!
Sie säen nicht und ernten nicht und sammeln nicht in Scheunen,
und euer himmlischer Vater ernährt sie doch.
(Mt 6,26a)

Vielleicht wird aber die junge Wissenschaftlerin trotz des Angebots eines leistungsunabhängigen Grundeinkommens darauf beharren, in diesem und keinem anderen Pharmakonzern eine Stelle zu bekommen. Schließlich hat sie in ihr Studium Zeit und Geld investiert, es mit guten Ergebnissen abgeschlossen, und ihre Familie erwartet von ihr, dass sie Karriere macht. Vielleicht wird sie, sollte ihre Bewerbung abgelehnt werden, Beschwerde einlegen bei der Gleichstellungsbeauftragten des Unternehmens und sich die Arbeitsstelle, die sie sich nicht wünscht, erkämpfen.

Gegen den eigenen Eros auf Rechten oder einer festen Identität zu bestehen, ist eine gängige Verhaltensweise im ausgehenden Patriarchat. Sie hängt direkt zusammen mit der angstvollen Überbewertung des Gesetzes und ist ein Hindernis, das dem Fluss des guten Zusammenlebens im Wege steht. Gegen die Liebe ein vorgegebenes Selbstbild durchhalten zu wollen, verkennt den Charakter des Handelns: Wie der ängstliche Knecht, der das Geld versteckt, statt es dem Strom menschlicher Bedürfnisse und Beziehungen anzuvertrauen (Mt 25,14-30), baut eine Mauer um sich, wer eine festgelegte Rolle gegen die Erfordernisse des neu geborenen Jetzt durchhalten will. Wer nicht den Mut aufbringt, aus den vorhandenen Lebensmitteln ein neues Gericht zu erfinden, sich stattdessen ans Kochbuch klammert, riskiert unglückliche Esserinnen und Esser und eine leere Haushaltskasse. Dass die Ergebnisse menschlicher Handlungen nicht voraussehbar sind, macht tägliches Neugeborenwerden zur Notwendigkeit. Denn kein Gesetz, kein Naturgesetz und kein Gesetzbuch, kein moralisches Prinzip, keine vermeintlich klare Identität, kein vorgeschriebenes Ritual und auch nicht das Marktgesetz von Angebot und Nachfrage, wird je in der Lage sein, das Bezugsgewebe menschlicher Angelegenheiten so endgültig in Ordnung bringen, dass geistesgegenwärtiges Handeln und Verhandeln sich erübrigt.

Strukturelle Veränderungen wie zum Beispiel die Einführung eines garantierten Mindesteinkommens können dazu beitragen, dass Menschen freier handeln. Aber es liegt an den Einzelnen, die Freiheit zu nutzen, um dem eigenen Wünschen auf die Spur zu kommen. Umgekehrt verhindert oft die Angst vor dem Verlust einer vorgegebenen Identität die fällige strukturelle Veränderung: So sind es nur selten tatsächliche betriebliche Notwendigkeiten, die es einem Familienvater verwehren, seine Erwerbsarbeitszeit zugunsten einer sinnvollen familiären Arbeitsteilung zu reduzieren. Oft werden sogenannte Sachzwänge vorgetäuscht oder eigens erfunden, um gewohnte Abläufe nicht zugunsten des Lebendigen verändern zu müssen.

Auch Menschen in materieller Not gehen unterschiedlich mit ihrer Freiheit um: Während die eine Slumbewohnerin das Angebot, im neu gegründeten Sozialzentrum einen Alphabetisierungskurs zu belegen, weit von sich weist, ergreift ihre Nachbarin die Gelegenheit und schafft sich so ein neues Beziehungsnetz und schließlich ein Auskommen. Solche Unwägbarkeiten, die in der Verschiedenheit der Geborenen begründet sind, dürfen nicht als Argument dienen, um notwendige sozialpolitische Maßnahmen zu blockieren. Sie sind aber ein Hinweis darauf, dass es unabhängig von den jeweiligen Ausgangsbedingungen keinen Menschen gibt, der nicht einen Freiheitsspielraum hätte, und sei er noch so klein, um irgend etwas Neues anzufangen. Und sie erinnern daran, dass freie Handlungen, wenn sie notwendig sind, nicht aufgeschoben werden sollten auf einen späteren Zeitpunkt, von dem angenommen wird, er biete die besseren Startbedingungen.

In der Zeit des ausgehenden Patriarchats ist die Welt vielleicht mehr als in anderen Zeiten angewiesen auf Menschen, die Anfänge setzen. Viele wissen heute, dass die Zweiteilung der Wirklichkeit in allen ihren Variationen keine Zukunft hat. Aber sie sehen jenseits der von ihr vorgegebenen Verhaltensweisen kein Land und halten deshalb aus Angst und wider besseres Wissen am vermeintlich bewährten Besitzstand fest, was oft auf Kosten derer geht, die aus der Ordnung bereits heraus gefallen, zum Beispiel erwerbsarbeitslos geworden sind und auf kooperatives Erfinden angewiesen wären. Beispiele, wie sich aus einem ausgelaugten Theologieprofessor, einer Obdachloseninitiative, einem leeren Gemeindesaal und einem innovationsfreudigen Hausmeister oder aus einer erwerbslosen Pharmaforscherin, einem traditionellen Diakonissenhaus und der Erbin eines mittleren Vermögens etwas Originelles gestalten lässt, gibt es schon viele, aber noch zu wenige.

Katastrophen

Des Menschen Tage sind wie das Gras;
Er blüht wie die Blume des Feldes:
Wenn der Wind darüber geht,
so ist sie dahin,
und ihre Stätte weiß nichts mehr von ihr.
(Ps 103,15f)

Das Leben der Menschen ist voll von Ereignissen, die sich dem Denken in Kausalketten entziehen. Zwar ist es inzwischen möglich, die Wahrscheinlichkeit von Erdbeben näherungsweise voraus zu sagen, und man kann die technischen Möglichkeiten, sich vor ihren Auswirkungen zu schützen, mehr oder weniger nutzen. Dennoch ist und bleibt jeder Erdstoß in seiner Stärke und in seinen konkreten Auswirkungen eine Überraschung.

Wir haben zu Recht gelernt, Stürme, Überschwemmungen und Lawinen auf menschliches Fehlverhalten zurück zu führen, etwa darauf, dass Urwälder rücksichtslos abgeholzt und ganze Landstriche zubetoniert werden. Aber nur in Ausnahmefällen lässt sich voraussagen, wo und wann genau die Wirkung der Ursache eintreffen wird, und noch seltener treffen die Katastrophen die Schuldigen. Auch Krankheiten und Unfälle wählen ihre Opfer nicht nach dem Grad von deren Beteiligung an menschlichen Zerstörungswerken. Und auch gut gemeinte Taten wie etwa die Entwicklung eines Impfstoffes können zu großem Leid führen: zum Beispiel wenn der Impfstoff bei einem einzelnen Kind eine tödliche Abwehrreaktion auslöst.

Die Geschichte von Kain und Abel (Gen 4,1-16) lehrt den gewaltlosen Umgang mit dem unerwartet hereinbrechenden Unglück. Gott sagt zu Kain, der aus Verzweiflung über die aus unerfindlichen Gründen ungleiche Annahme zweier Opfer den ersten Mord der Weltgeschichte begangen hat:

»Ist's nicht also? Wenn du recht handelst, darfst du frei aufschauen; handelst du aber nicht recht, so lauert die Sünde vor der Tür ...« (Gen 4,7a)

So wie die Welt und das Bezugsgewebe menschlicher Angelegenheiten beschaffen sind, kann niemand damit rechnen, stets im Verhältnis zu anderen rechnerisch gleich behandelt zu werden. Die lebensfreundliche Reaktion auf erfahrenes Unrecht ist der Gottesrede an Kain zufolge nicht die Gewalttat, sondern die Selbstprüfung: Ist sich eine nämlich sicher, nicht willentlich Schaden angerichtet zu haben, kann sie frei Neues beginnen, auch wenn das, was sie verdient zu haben glaubt, ausgeblieben ist: im Vertrauen darauf, dass genug für jede und jeden da ist, wenn auch nicht genau gleich viel oder genau dasselbe für alle.[11]

Die Geschichte von Kain und Abel enthält gute Weisung zum vernünftigen Umgang mit gegebenen Verschiedenheiten, die als Kränkung erfahren werden. Sie darf aber nicht dazu benutzt werden, Ungerechtigkeiten zu rechtfertigen, die Menschen willentlich herbei führen. Und sie heilt nicht oder erst lange nach dem traumatisierenden Ereignis den Schmerz der Eltern über den Verlust eines Kindes. Es gibt Verletzungen, zu deren Heilung ein Menschenleben nicht ausreicht. Kriegstraumata können noch nach Generationen das Bezugsgewebe belasten. Deshalb muss jede und jeder jederzeit damit rechnen, es mit einem tief verletzten Gegenüber zu tun zu haben, und auch damit, dass das eigene Handeln von weit zurückliegenden, vielleicht noch unerkannten Kränkungen mitbestimmt wird.

Sara Ruddick hat deshalb der Durchbrechermentalität einer losgelösten Vernunftethik eine Einstellung gegenüber gestellt, die in der mütterlichen Praxis verankert ist, das heißt im Umgang mit »weinenden, scheißenden, rülpsenden und manchmal vor Bauchweh schreienden Babys«.[12] Mütterlich zu handeln be-

11. Vgl. Angelika Krebs 2000.
12. Sara Ruddick 1993, 184.

deutet demnach, Körperlichkeit und Verletzlichkeit der Menschen auch dann zum Maßstab für das eigene Handeln zu machen, wenn sie nicht so offensichtlich sind wie bei einem Säugling. In jedem Menschen, auch in mir selbst, das verwundbare Kind zu sehen, das darauf hofft, es möge ihm »Gutes und nicht Böses geschehen«,[13] ist eine realistische Einstellung mir selbst und den anderen gegenüber, die die Wahrscheinlichkeit wachsen lässt, dass meine Handlungen wirklich dem guten Zusammenleben dienen.

Persönliche und kollektive Katastrophen werden gewiss nicht ausbleiben. Vielleicht wird schon bald mein Gehirn sich zersetzen, weil ich vor ein paar Jahren das falsche Rindfleisch gegessen habe. Dennoch bin ich heute frei, in Ruhe das Meinige zu tun, nicht, weil mir der Erfolg sicher wäre, sondern weil die Erde und das menschliche Bezugsgewebe mich bis heute getragen haben und ich deshalb zuversichtlich bin, dass sie noch eine Weile weiter tragen werden.

Aus vielen Psalmen höre ich sie schreien: die von ihren Vätern vergewaltigten Mädchen, die Angehörigen der Opfer von Verkehrsunfällen und Naturkatastrophen, die Kriegswaisen, meine Mutter, deren Verlobter im Zweiten Weltkrieg gefallen ist, das Kind, das seine Katze tot am Straßenrand findet, die Millionen Flüchtlinge auf der Suche nach einer sicheren Wohnstatt, die ausgebeutete Sexarbeiterin. Wer gut handeln will, muss die Schreie hören und sich von ihnen zum Mitweinen bewegen lassen.

Auch Jesus von Nazaret hat viel geweint:

Und als er näher kam und die Stadt Jerusalem sah, weinte er über sie und sprach: Wenn doch auch du an diesem Tag erkannt hättest, was zu deinem Frieden dient! Jetzt aber ist es vor deinen Augen verborgen. (Lk 19,41f)

Unzählige Menschen haben ihren Schmerz ans Kreuz dieses Mannes getragen, unter dem die Mutter steht, der das Liebste

13. Simone Weil, zitiert in ebd. 190.

genommen wird. Viele hat der gefolterte Gott erschreckt, andere hat er getröstet und, wenn sie genug geweint hatten, ins Aufstehen[14] geschickt.

Es gibt Auferstehung: dann, wenn wir uns selbst und einander achten als »die realen, komplizierten Menschen«[15], die wir sind.

Das hohe Lied der Liebe

Die Liebe lässt sich nicht verbittern, sie rechnet das Böse nicht an.
Sie freut sich nicht über die Ungerechtigkeit,
sie freut sich aber mit der Wahrheit.
(1 Kor 13,5b.6)

In der Bibel gibt es ein Wort, das Gefühl und Verstand, Weisungsgebundenheit und Freiheit zusammen fügt: die Liebe. Liebe ist das intelligente Gefühl, das überlieferte Regeln mit den Erfordernissen einer unverwechselbaren Gegenwart immer neu in Beziehung setzt. Liebe kommt aus der begeisterten Hoffnung auf den Sinn, den das Zusammenleben jederzeit entfalten könnte. Sie ist die Praxis der Geistesgegenwart, die sich jeglicher Vorhersage entzieht.

Aber auch die Liebe hat man zerlegt:

»Wir Christinnen und Christen werden gelehrt, dass es Werte und Handlungsmuster gebe, die wir als widersprüchlich und grundsätzlich unvereinbar erfahren sollen. Auf der einen Seite stehen Eigennutz und Selbstsucht, auf der anderen Aufopferung und Selbsthingabe. Es gibt AGAPE – tiefe selbstlose Liebe, und es gibt EROS – gewöhnlich als ego-

14. Vgl. dazu Doris Strahm/Luzia Sutter Rehmann/Ina Praetorius 1997.
15. Sara Ruddick 1993, 189.

istische Leidenschaft definiert. Es wird uns beigebracht, dass dies grundlegend verschiedene Formen der Liebe seien, die keine Beziehung zueinander hätten und in unserem Leben im Konflikt oder zumindest in einem Spannungsverhältnis stünden. ... Das ethische Leben wird als Kampf dargestellt, das mit einem Gewirr von Widersprüchen verbunden ist ... Aber mein und dein Wohlergehen stehen nicht von Natur aus im Gegensatz. Als beziehungshafte Wesen brauchen wir einander für unser gemeinsames Wohlergehen, und in unserer gegenseitigen Beziehung erfahren wir Gott/Göttin.«[16]

Die Welt ist in der Zeit des ausgehenden Patriarchats voll von Leuten, die noch immer meinen, sie müssten sich entscheiden zwischen Eros und Agape. Sie glauben dem Gesetz der zweigeteilten Welt mehr als ihren eigenen Wünschen und den Schreien aus ihrem Inneren. Man hat uns lange gelehrt, alles werde gut, wenn wir nur gehorsam in die Tat umsetzen, was in einer ewigen höheren Sphäre aufgeschrieben ist. Ein göttliches Gesetz sollten wir wortwörtlich befolgen, später die Prinzipien, die uns eine verallgemeinerte Vernunft als annehmbar erweist, heute vor allem das Marktgesetz von Angebot und Nachfrage. Und wenn der Erfolg ausbleibt, dann spekuliert man über »das Böse an sich«, von dem kein Mensch je wissen wird, ob es existiert. Dass Erotik verdächtig, Lust gefährlich, Gefühle wankelmütig sind und von höheren Warten und Werten unter Kontrolle gehalten werden müssen, sollten wir glauben.

Die vermeintlich höhere Vernunft ist aber, wenn gutes Handeln gefragt ist, mindestens ebenso unzuverlässig wie Lust und Leidenschaft, und Gefühle sind nicht irrational, sondern gestaltbar und zuweilen bessere Ratgeber als logische Operationen. Die Heilung der Weltwunden schreitet fort, wenn wir die Frage zu stellen wagen, ob es den behaupteten Gegensatz zwischen Vernunft und Gefühl überhaupt gibt.

Befreit aus dem Gefängnis der zweigeteilten Welt kann die Liebe zusammen fügen, was nicht erst Immanuel Kant akribisch

16. Beverly W. Harrison 1991, 43 und 63.

auseinander genommen hat: Pflicht und Neigung.[17] Die native Lust am Leben ist ebenso wenig die Feindin des Guten wie Weihnachten die Feindin von Karfreitag und Ostern ist. Von der göttlichen Geburt her gewinnt die Passion ihren Sinn, und kluge Leidenschaft setzt immer wieder neu geborenes Handeln in Bewegung.

Fürchtet euch nicht!
Denn siehe, ich verkündige euch große Freude,
die allem Volk widerfahren wird;
Denn euch ist heute der Heiland geboren,
welcher ist der Gesalbte Gottes,
in der Stadt Davids.
(Lk 2,10b.11)

17. Bemerkenswert ist, dass Kant in seinen Frühschriften den Frauen – im Gegensatz zu den Männern, die auf Argumentation angewiesen sind – die Fähigkeit zugesprochen hat, aus Neigung gut zu handeln. Vgl. Ursula Pia Jauch 1988.

4. Teil
Mit Gottes Hilfe die Welt gestalten
Konkretionen postpatriarchaler Ethik

Zehntes Kapitel
Abschied von der angewandten Ethik

Seid aber TäterInnen des Wortes.
(Jak 1,22a)

Wer ein Buch zur Ethik liest, erwartet im allgemeinen nicht nur grundsätzliche Überlegungen zur Frage, was gutes Handeln sei und woran es sich zu orientieren habe. Was sie oder er tatsächlich in konkreten Situationen tun solle, will die Leserin oder der Leser wissen.

Die gängige Trennung von Grundlegung und Anwendung

Die Lehrbücher der Ethik sind dieser Erwartung lange Zeit entgegengekommen, indem sie zwischen »Grundlegung« und »Anwendung« unterschieden haben.[1] Sie bestanden deshalb oft aus zwei Bänden,[2] deren Verhältnis zueinander der Theologe Trutz Rendtorff so beschreibt:

»Die Darstellung der Grundelemente der ethischen Lebenswirklichkeit und die Methodologie der Ethik sind zusammen die Ausrüstung, mit der Konkretionen der Ethik erörtert werden können, an denen Ver-

1. Vgl. Ina Praetorius 1994, 31-46. Verwandt ist die Unterscheidung zwischen »Fundamental- und Materialethik« u.a.
2. Z.B. Trutz Rendtorff 1980/81, Arthur Rich 1984/1990. Auch das »Handbuch der christlichen Ethik« umfasst einen Band zur Grundlegung und zwei Bände, die sich mit materialethischen Fragen befassen.

bindlichkeit und Aufgabe der Ethik auf verschiedene Weise anschaulich werden.«[3]

Diese Vorstellung, der zufolge das Denken sich zunächst aus der Wirklichkeit möglichst weit zurück zieht, um einen theoretischen Rahmen zu bauen, innerhalb dessen konkretes Handeln als *Veranschaulichung* vorgängig festgelegter Regeln in Erscheinung treten kann, gehorchte der androzentrischen Zweiteilung der Welt:[4] sie verstand Handeln primär als gehorsame Ausführung dessen, was zuvor und unabhängig davon als Idee des Guten entworfen worden war.[5] Dass die zweiten Bände herkömmlicher ethischer Lehrbücher sich oft wie unbedeutende Anhängsel ans Eigentliche lesen, die man nur als Zugeständnis an die »Ungeduld des Interesses an unmittelbar verwertbaren Ergebnissen«[6] geschrieben hat, ist angesichts dieser Hierarchie von Idee und Ausführung nicht erstaunlich.

Konkretionen in der postpatriarchalen Ethik

Im dritten Teil dieses Buches habe ich, in Anlehnung an die biblische Vorstellung vom Fließen der Gerechtigkeit (Am 5,24), gutes Handeln als schöpferische Weltgestaltung beschrieben: Wer handelt, knüpft zwar stets an ein Herkommen an, kann aber nie eine gegebene Regel als solche »in die Wirk-

3. Trutz Rendtorff 1980, 9.
4. Vgl. Kap. 4.
5. Vgl. Kap. 5. Vgl. auch die Unterscheidung der Tätigkeitsformen Arbeiten, Herstellen und Handeln in Hannah Arendt 1981. Hannah Arendt würde vermutlich sagen, die patriarchale Ethik erliege der Täuschung, Handeln nach der Logik des Herstellens organisieren zu können.
6. Trutz Rendtorff 1980, 9.

lichkeit umsetzen«. Die Wirklichkeit ist nicht dazu da, moralische Regeln zu veranschaulichen, die sich scheinbar außerhalb von ihr befinden, sondern sie ist das Erste und Eigentliche, das in keiner Funktion aufgeht. Weil Situationen sich niemals wiederholen, sondern jede in ihrer Art einzigartig ist, werden Handelnde unweigerlich schöpferisch, selbst wenn sie noch so sehr darauf bedacht sind, sich an vorgezeichnete Linien zu halten. Im Fluss von Nähren und Genährtwerden[7] verhalten sich Regeln und konkretes Tun zueinander nicht wie Bild und Abbild, sondern wie Zuhören und Antworten oder wie Annehmen und Weitergeben. Auch jedes Kunstwerk steht in einer ästhetischen Tradition und ist doch als solches einzigartig.

Der letzte Teil dieses Buches enthält trotzdem Kapitel zur Konkretion. Denn die Erwartung, ich möge mich zu den erhofften Auswirkungen meines Nachdenkens in dieser wirklichen Welt noch ausführlicher äußern, als ich es bis jetzt getan habe, ist berechtigt. Diese Erwartung muss nicht identisch sein mit der trügerischen Hoffnung, ich könne dem Leser oder der Leserin die Sicherheit bieten, nach der Lektüre jederzeit genau zu wissen, was hier und jetzt zu tun sei. Kein geschriebenes Wort kann die schöpferische Tat vorwegnehmen, aber ich kann als Denkerin doch davon erzählen, welche konkreten Veränderungen in dieser Welt ich mir erhoffe.

Ich will also in den Kapiteln dieses vierten Teils darüber nachdenken, was sich bewegen könnte, wenn Frauen und Männer anfangen würden, begeistert von der Weisheit der Überlieferung und kritisch gegenüber Mechanismen des Ausschlusses und der Zweiteilung im Sinne des guten Zusammenlebens aller schöpferisch tätig zu werden. Und zwar nicht in einer beliebigen Zeit, sondern zu Beginn des einundzwanzigsten Jahrhunderts nach der Geburt des Jesus von Nazaret, in einer Welt, in der ungefähr sechs Milliarden Menschen unterschiedlichen Herkommens in

7. Vgl. Kap. 7.

immer neuen Generationen zusammen mit unzähligen anderen Lebewesen gut leben wollen.

In den folgenden Kapiteln wird noch deutlicher werden als bisher, dass ich zwar im Horizont der ganzen Welt, nicht aber für die ganze Welt sprechen kann.[8] Je konkreter meine Aussagen werden, desto klarer sind sie beschränkt auf einen bestimmten Ort und eine bestimmte Zeit. Auch die Worte der ProphetInnen sprechen von einem bestimmten Ort aus in eine unwiederholbare Zeit mit ihren unverwechselbaren Aufgaben hinein, und auch sie siedeln sich jenseits der vermeintlichen Stufenfolge von Grundlegung und Anwendung an: sie überschreiten den Gegensatz von Form und Inhalt, weil sie das Gute nicht als Idee von der Welt abheben, sondern selbst Teil des guten Lebens sind, für das sie werben.

Patriarchale und postpatriarchale Ordnung

Wie soll ich die Konkretionen ordnen?

Jahrhunderte lang war die theologische Ethik in ihren »Anwendungskapiteln« – mehr oder weniger ausdrücklich – der mittelalterlichen Ständelehre verpflichtet: Einem ersten Teil über »Ehe und Familie« folgten Abschnitte über »Politik, Staat und Recht«, »Arbeit und Beruf«, schließlich »die Kirche«.[9] Lange hat man versucht, wechselnde und neu entstehende sogenannte materialethische Themen diesen vier Kapiteln zuzuordnen, bis, insbesondere in der zweiten Hälfte des vergangenen Jahrhunderts, die Kritik am traditionellen Ordnungsdenken übermächtig wurde. Während sich vor allem im Rahmen der Bewegung von 1968 und der philosophischen Postmoderne die

8. Vgl. Kap. 1.
9. Ina Praetorius 1994, 34f.

Skepsis gegenüber jeglichem fest gefügten Identitätsdenken als eine Art neue Norm etablierte, deckten Feministinnen den latenten Patriarchalismus der vermeintlich gott- oder naturgegebenen Kategorien auf: Selbst in Entwürfen, die das herkömmliche Ordnungsdenken mit dem Grundsatz der Geschlechtergleichheit vereinbaren zu können behaupteten, kamen Frauen ausschließlich in den Kapiteln über Ehe und Familie vor, während der Rest dem sogenannten »Menschen« vorbehalten blieb, der sich bei genauerem Zusehen als bürgerlicher weißer Mann entpuppte.[10]

Heute scheinen diejenigen Ethiker, die sich angesichts der wachsenden Kritik nicht auf formale Argumentationstechnik zurückgezogen haben, weitgehend dem marktökonomischen Prinzip von Angebot und Nachfrage zu folgen: Nachdem das androzentrische Ordnungsdenken, zumindest was die Oberflächenstruktur der Lehrbücher angeht, dem Druck vielfältiger Kritik gewichen ist, scheinen die Fachleute des guten Lebens neuerdings ihre Dienste zur Verfügung zu stellen, wo immer ein finanzkräftiger Auftraggeber ein »ethisches Problem« identifiziert hat. So sind die neuen »Bereichsethiken« – Bioethik, Wirtschaftsethik, Unternehmensethik, Medienethik, Medizinethik, Pflegeethik, Umweltethik u.a. – entstanden, die sich nur noch locker an herkömmliche Ordnungskategorien anbinden und oft beziehungslos nebeneinander stehen, dafür umso deutlicher den Interessen des Auftraggebers entgegen kommen.

Der Mechanismus von Angebot und Nachfrage beantwortet aber nicht die ethische Kernfrage, was Menschen zum guten Leben brauchen und wie sie, genährt vom guten Handeln anderer, gut handeln können. Deshalb ist eine postpatriarchale Ordnung notwendig, das heißt zustimmungsfähige Vorstellungen darüber, was zu einem sinnvollen Zusammenleben gehört und wie wir uns jenseits der zweigeteilten Welt als bezogen-freie Subjekte

10. Vgl. ebd.

in den komplizierten Netzwerken aus Politik, Wirtschaft, Familie, Religion, Bildung, Kunst etc. zurechtfinden können.[11]

Die Art, wie ich meine Konkretionen anordne, erhebt nun noch nicht den Anspruch, diese zukünftige Einrichtung des Zusammenlebens schon erfasst zu haben. Aber indem ich eine solche Neuordnung für möglich halte, nähere ich mich ihr an, so wie eine Hausfrau, die mit der Anordnung der Möbel in der gemeinsamen Wohnung nicht mehr zufrieden ist, schon einmal versuchsweise Stühle, Tische und Regale hin- und herschiebt, noch bevor sie weiß, wo genau sie später stehen sollen.

Anknüpfungen

Die herkömmlichen Kategorien des Nachdenkens über gutes Zusammenleben sind nicht einfach sinnlos geworden. Solange man sie aber zu stark voneinander abgrenzt, als wichtige und weniger wichtige Bereiche entlang dem Vorurteil der zweigeteilten Welt anordnet, statt als wechselseitig aufeinander bezogene Aspekte der Wirklichkeit auffasst, stehen sie wie störende Klötze in der Denklandschaft und behindern den schöpferischen Neubeginn. So ist es zum Beispiel bis zu einem gewissen Grade sachgemäß, zwischen Haushalt und Markt oder zwischen Körper und Geist zu unterscheiden, nicht aber, Haushalt und Kör-

11. Martha C. Nussbaum (1999) spricht von »Grundvorstellungen ..., die von Menschen an vielen Orten und zu vielen Zeiten geteilt werden und geteilt werden können« (31) und von einer »starken vagen Konzeption des Guten« (45 f), die heute notwendig der Ethik zugrunde gelegt werden müsse, denn: »Wenn wir als Gattung und als Planet überleben wollen, müssen wir weltweit und gemeinsam über Wohlergehen und Gerechtigkeit nachdenken.« (31).

per einer »weiblichen«, funktionalen und damit vortheoretischen und trivialen Sphäre zuzuordnen, gleichzeitig dem Geist, dem Markt, der Öffentlichkeit usw. die gesammelte denkerische Aufmerksamkeit zuzuwenden. Die Kritik des herkömmlichen Ordnungsdenkens, die in den vergangenen Jahrzehnten geleistet wurde, war also bis zu einem gewissen Grad notwendig. Weil ich mit diesem Buch aber ausdrücklich über die Analyse des Gegebenen und den derzeit verbreiteten Gestus des generellen Zweifels hinaus reichen will,[12] werde ich in meinen Skizzen zum guten Leben an die Kategorien herkömmlicher Ordnungsethik anknüpfen, soweit ich in ihnen einen bleibenden Sinn entdecken kann. Gleichzeitig will ich sie lösen aus ihrer Verstrickung in die zweigeteilte Ordnung.

Freiheit in Bedürftigkeit als Wegweiser

Als Leitfaden, an dem ich die Kapitel zur Konkretion anordne, wähle ich die menschliche Freiheit in Bedürftigkeit: Ich gehe davon aus, dass jeder Mensch angewiesen ist auf die Gaben der Schöpfung – Luft, Wasser, Erde, Feuer, Pflanzen, Tiere – und auf das tätige Sorgen der VorfahrInnen und ZeitgenossInnen, dass er oder sie gleichzeitig frei ist, im Rahmen der eigenen Möglichkeiten dankbar dazu beizutragen, dass andere genährt, behütet und ermutigt leben und ihrerseits das Zusammenleben tätig nähren können.[13]

12. Ina Praetorius/Andrea Günter 1999.
13. Vgl. Teil 1. Anders als die Philosophin Martha C. Nussbaum sehe ich keine Veranlassung, diese inhaltlich gefüllte Anthropologie gegenüber dem liberalistischen Mainstream zu verteidigen, der in ihr metaphysische Elemente vermutet, denn Metaphysik in diesem Sinne ist ein akzeptierter Teil meiner theologischen Tradition.

Androzentrischer Logik zufolge ist menschliche Bedürftigkeit tendenziell mit Weiblichkeit und Schwäche verknüpft,[14] während Freiheit jenseits dieser »animalischen«[15] Sphäre des Menschseins als Attribut, Vorrecht oder Stärke derer verstanden wird, die »ihren Mann stehen« können, weil die Sorge um ihre Bedürftigkeit Aufgabe von Untergebenen ist und daher vernachlässigt werden kann. Diese Entgegensetzung von Freiheit und Bedürftigkeit hat oft zur Folge, dass man materielle Bedürfnisse als die primären und gleichzeitig niedrigen versteht, während geistige oder kulturelle Bedürfnisse als höherstehend gelten, das heißt angeblich erst dann erfüllt werden müssen, wenn ein Mensch genug zu essen und zu trinken und ein Dach über dem Kopf hat.[16] An diese latent geschlechtsgebundene Hierarchisierung von Bedürftigkeit und Freiheit schließt auch die wirkmächtige Idee des Liberalismus an, derzufolge es ausreicht, Menschen den Zugang zu materiellen Gütern oder zum Geld zu eröffnen, damit sie gut leben, sprich: frei ihren individuellen Interessen nachgehen können. Die Folgen dieser nur vermeintlich selbstverständlichen Rangfolge sind vielfältig: So verwahrlosen heute viele alte Menschen, weil sie nach der Devise »satt und sauber« gepflegt werden, oder Menschen, die man mittels Geld-

14. In traditionellen ethischen Entwürfen sind Frauen einerseits als schwächer und bedürftiger dargestellt als Männer, andererseits gelten sie als zuständig für die Befriedigung der Bedürfnisse anderer. Vgl. Ina Praetorius 1994.
15. Wolfgang Trillhaas (1970, 191) z.B. spricht von den natürlichen Bedürfnissen als dem »Element unserer Tierheit«. Vgl. Ina Praetorius 1994, 150.
16. So formuliert zum Beispiel die wirkmächtige »Maslow'sche Bedürfnispyramide« zwar nichtmaterielle Aspekte des Zusammenlebens bereits als Bedürfnisse, geht aber noch davon aus., dass es einen *primären* Bedarf an materiellen Gütern wie Nahrung, Wohnung, Kleidung etc. gibt, der erfüllt sein muss, *bevor* Menschen sich der Befriedigung höherer Bedürfnisse etwa nach Bildung, Geselligkeit und Sinn zuwenden können.

zuwendung aus der Armut retten will, verarmen noch mehr, weil sie ohne Bildung nichts mit dem zusätzlichen Geld anfangen können.

Heute bildet sich allmählich ein Konsens heraus, dass auch Freiheit in den Kategorien menschlicher Bedürftigkeit gedacht und Bedürftigkeit vom Geruch der Schwäche befreit werden muss: Sobald Frauen und andere aus dem androzentrischen Freiheitsprivileg ausgeschlossene Gruppen von Menschen sich weigern, weiterhin stillschweigend bereitzustellen, was andere nötig haben, um »höheren« Zielen nachzustreben, wird deutlich: was Menschen zum guten Leben brauchen, ist nicht wie im Patriarchat materielle Nahrung für die Untergebenen und geistige Nahrung nur für die Oberen, sondern geistige und körperliche Nahrung für alle. Was Menschen brauchen, ist also sinnvollerweise als ein Zusammenspiel aufeinander bezogener Aspekte von Freiheit und Bedürftigkeit zu denken, die alle berücksichtigt werden müssen, wenn gutes Leben gelingen soll. Ich werde deshalb besonderen Wert darauf legen, die gegenseitige Abhängigkeit und Bezogenheit materieller, politischer, persönlicher, kollektiver, religiöser Bedürfnisse und der entsprechenden Fähigkeiten und Freiheiten zum Ausdruck zu bringen.

Eine vorläufige postpatriarchale Ordnung

Ich beginne wieder mit Himmel und Erde, befasse mich danach an der Stelle, an der in der Tradition das Kapitel »Ehe und Familie« steht, mit dem Generationenverhältnis. Um die Ökonomie als Praxis zur Befriedigung menschlicher Bedürfnisse und um die Politik als stetes Verhandeln über das gute Zusammenleben der gleichberechtigten Verschiedenen geht es in den beiden folgenden Kapiteln. Spiel, Spaß, Kunst und Wissenschaft sind nicht so weit voneinander entfernt, wie das Patriarchat glauben macht: sie dienen uns dazu, jenseits von Notwendigkeiten den Sinn im Leben zu entdecken, und stehen damit der Religion nahe, mit der ich im letzten Kapitel wieder bei Himmel und Erde ankomme.

Ich werde in den folgenden Kapitel nicht, wie vielleicht mancher erwartet, zu erschöpfenden Maßnahmenkatalogen für eine neue Gesellschaftsordnung ausholen, sondern Anmerkungen zu besonderen Formen des Bezogenheitsbewusstseins, spezifische Patriarchatskritik, persönlich erfahrene realutopische Miniaturen und einzelne Vorschläge zur privat-öffentlichen Veränderung zusammensetzen zu einem durchaus lückenhaften Ganzen. Wie jede Schreibende bin ich angewiesen darauf, dass andere die Lücken füllen: meine Vorschläge aufgreifen, weiterdenken und in ihren eigenen Alltagen in schöpferischer Liebe zum Leben erwecken.

Elftes Kapitel
Atmen, Liegen: Himmel und Erde

Und Gott sprach: Das Wasser unter dem Himmel sammle sich an einen Ort, dass das Trockene sichtbar werde. Und es geschah also. Und Gott nannte das Trockene Land, und die Ansammlung der Wasser nannte er Meer. Und Gott sah, dass es gut war.
(Gen 2,9f)

In vielen Zusammenstellungen menschlicher Grundbedürfnisse hat man das Atmen und das Dasein auf festem Boden vergessen. Dass Menschen keine fünf Minuten im luftleeren Raum existieren können, scheint so selbstverständlich oder so kränkend zu sein, dass es nicht der Erwähnung wert ist.

Die Frömmigkeit des Atems

Leben und Lebenskraft hast du in mich gelegt, und deine Fürsorge hat meinen Odem behütet.
(Ijob 10,12)

Es ist aber keineswegs selbstverständlich, dass Menschen Luft zum Atmen und festen Boden unter sich haben. Es gibt Verunreinigungen der Luft und es gibt Krankheiten, die das freie Atmen einschränken oder zum Erstickungstod führen, es gibt Erdbeben, die den Boden schwanken lassen, es gibt Unwetter, Lawinen, Erdrutsche, Überschwemmungen, die heute nicht selten eine Folge der von Menschen verursachten Vernutzungen und Verseuchungen von Boden und Atmosphäre sind.

Wenn ich die Verletzlichkeit von Himmel und Erde und meine eigene elementare Angewiesenheit auf Luft und Boden erkenne, werde ich dankbar für jeden freien Atemzug und jede Stunde, die ich auf festem Boden zubringe. Menschen, die solche Dankbarkeit empfinden, nenne ich fromm.[1] Denn Frömmigkeit ist Dankbarkeit, deren EmpfängerIn man nicht sehen und begreifen kann. Ob ich einen Schöpfergott, die weltgebärende Urmutter oder einen verborgenen Sinn in der Evolution für die plausibelste Erklärung meines lebendigen Daseins auf Erden halte, ist zweitrangig. Denn wer oder was sich hinter der nicht bezweifelbaren Tatsache verbirgt, dass ich hier und jetzt atme und auf festem Boden liege, entzieht sich meinem Wissen und dem Wissen jedes anderen Menschen.

Auch wenn man die Schöpfungstexte der Bibel Jahrhunderte lang als Bekenntnisse zu einem männlichen Schöpfergott gelesen hat, dem falsche Götter feindlich gegenüber stehen, so ist ihnen doch auch dies zu entnehmen: dass es Menschen nicht gegeben ist, den Ursprung des lebendigen Daseins zu entschlüsseln und in ihre Macht zu bringen:

Du sollst dir kein Gottesbild machen, keinerlei Abbild, weder dessen, was unten auf Erden, noch dessen, was in den Wassern unter der Erde ist.
(Ex 20,4)

Patriarchale Verwechslungen

Dem klugen Rat, sich vom staunenswerten Unsagbaren kein Bild zu machen, wurde aber vielfach zuwider gehandelt: Man hat daraus einen Herrgott gemacht, der souverän und unberührbar über seiner Schöpfung thront und die zweigeteilte

1. Vgl. Kap. 3.

Weltordnung für rechtens erklärt. Im Zuge der europäischen Aufklärung trat an die Stelle des Herrn der Heerscharen eine Art der Vernunft,[2] die sich ebenfalls als Herr über Himmel und Erde verstand und antrat, den von Gottvater übernommenen vermeintlichen Besitz gänzlich zu kontrollieren und dem eigenen Interesse dienstbar zu machen.

Wenn heute Biologen behaupten, sie könnten neue Lebewesen kreieren oder den Tod abschaffen, wenn Gynäkologen vor Fernsehkameras als »Erzeuger« sogenannter Retortenbabies posieren, wenn Atomphysiker in Kauf nehmen, dass die von ihnen entwickelten Techniken der Energiegewinnung ganze Landstriche verwüsten, wird deutlich, wie weit die Verwechslung von vor- und nachgeordneten Wirklichkeiten reicht.

Allerdings mehren sich heute die Anzeichen, dass Himmel und Erde so weit wie eh und je davon entfernt sind, menschlichen Zugriffen unterworfen zu sein: Die Euphorie über die vermeintliche Entschlüsselung des genetischen Code weicht der Ernüchterung, denn es stellt sich heraus, dass die Netzwerke des Lebens bei weitem komplizierter sind als vermutet.[3] In den reicheren Teilen der Welt leben zwar die Menschen im Durchschnitt länger als früher, aber der Tod holt sie noch immer ein, oft nach einer langen Phase der Depression und sogenannt chronischer, also unheilbarer Krankheit. Zwar scheinen Flugzeuge den Luftraum erobert zu haben, aber die Folgen ihrer Abgasemissionen erreichen in Form neuartiger Krankheiten die

2. Nicht die ganze Aufklärung geht in der Inthronisation der herrscherlichen Vernunft auf, und nicht die ganze Theologie ist patriarchale Herrgottstheologie. Aber ebenso wie dem patriarchalen Gottesbild ist es der instrumentellen Vernunft gelungen, sich über Jahrhunderte in der Position eines hegemonialen Konzepts zu behaupten. Vgl. dazu Evelyn Fox Keller 1986, Silvia Bovenschen 1980, Sandra Harding 1990, Genevieve Lloyd 1985.
3. Vgl. Florianne Koechlin, Von der Genetik zur Epigenetik – und darüber hinaus, in: Ina Praetorius Hg. 2005.

Menschheit, und die in Jahrmillionen entstandenen Ölvorkommen in der Erde, die die vermeintlich grenzenlose Mobilität ebenso wie die Luftverschmutzung erst ermöglichen, gehen zur Neige. Die Pest und die Pocken sind fast verschwunden, aber AIDS, SARS und BSE sind gekommen.

Himmel und Erde werden nicht, oder erst in Millionen von Jahren vergehen,[4] aber Menschen müssen darüber nachdenken, ob sie von dem Wahn, sie seien die Herren des Universums, sinnvollerweise wieder Abstand nehmen wollen.

Ins Tätigsein hinein ruhen

Wenn es Dir in Deinem philosophischen und religiösen »Oberbau« verleidet ist, mach' es Dir auf Deiner animalischen Basis behaglich und erlaube es Dir, zu vegetieren.
(Heinz Rothenbühler)

Menschliches Handeln beginnt und endet nicht mit Stehen und Machen, sondern mit Liegen, Atmen und Ernährtwerden. Das gilt nicht nur für Biographien, sondern auch für jeden Tag: Morgens stehe ich auf, und abends lege ich mich hin, nur dazwischen kann ich tätig sein. Aus dieser Tatsache lässt sich lernen, welche Einstellung aus dem hektischen Bemühen, den Schein der längst widerlegten »Herrscherstellung des Menschen im Kosmos«[5] wahren zu wollen, allmählich heraus führen könnte.

In der überkommenen Ordnung ist Liegen mit Schwäche verknüpft: Wer liegt, ist müde, faul, krank, befriedigt niedere Triebe oder wird vergewaltigt. Die Liegestatt ist deshalb privatisiert:

4. Arnold Benz 2001.
5. Helmut Thielicke 1965, 246. Vgl. Ina Praetorius 1994, 135.

sie befindet sich im Schlafzimmer und damit in dem Raum, der als Inbegriff der Intimsphäre gilt. Allenfalls der heiße Sommer drängt dem standhaften Androzentriker die Regelwidrigkeit des öffentlichen Liegens auf. Die BewohnerInnen warmer Weltregionen und »herumlungernde« Jugendliche hält er für arbeitsscheu und bequem.

Utopische Qualität hat für mich deshalb die Inneneinrichtung des Neuphilologikums der Tübinger Universität, in dem ich in den siebziger Jahren des vergangenen Jahrhunderts studiert habe. Dort kann man in direkter Nachbarschaft der Bibliothek und der Seminarräume in einer großzügigen Wohnlandschaft öffentlich liegen. Man muss also nicht nach hause gehen, um das Verstandene und Ersessene zur Ruhe kommen zu lassen, sondern kann in Gemeinschaft anderer schlafen, herumliegen, liegend essen oder vegetieren. Auch in vielen Moscheen lagern sich die Leute am Boden. Wer hat sich nicht schon, unterwegs in einer Stadt des Westens, einen solchen Raum gewünscht?[6]

Es wäre möglich, durch öffentliche geschützte Räume, die zum Liegen einladen, die notwendige Einstellung des anfänglichen gelassenen Daseins salonfähig zu machen. Das biblische Gebot, am Sabbat zu ruhen, bezieht sich zwar nur auf einen von sieben Wochentagen, aber es meint eine kollektive Lebenseinstellung, die durch die christliche Auffassung, der Sonntag sei der *erste* Tag der Woche, bestätigt und präzisiert wird: An den Anfang gehört das Ruhen, denn liegend werde ich gewahr, was ich anfänglich war, endlich sein werde und auch jetzt bin: ein Wesen, das sich anderen und anderem verdankt, das manchmal aufstehen kann, um etwas Sinnvolles zu tun. Schon mancher ist im Liegen zu einer besseren Vernunft gekommen.

Liegen ist nicht Schwäche, die man verstecken muss. Wer

6. Ich kenne nur eine christliche Kirche, die zum Liegen einlädt. Es ist die Kirche der Kommunität von Taizé. Vielleicht liegt u.a. in dieser Besonderheit die anhaltende Attraktivität und Ausstrahlung dieses Ortes begründet.

liegt, gibt zu erkennen, dass er, wie alle anderen Menschen, geboren, verwundbar und frei ist. Den Akt des Liegens der Öffentlichkeit zurück zu geben, würde nicht nur Städte und Dörfer wohnlicher und unser Zusammenleben genüsslicher machen. Es wäre auch, jenseits aller notwendigen Appelle an ökologisches Wohlverhalten, jenseits notwendiger Umwelt-, Arbeits- und Sozialgesetze, ein Zeichen, dass wir willens sind, einander zu offenbaren, was wir alle wirklich sind. Vielleicht wäre es dann irgendwann auch den potentiellen Vergewaltigern im Nadelstreifenanzug nicht mehr peinlich, Lieder zu singen, die heute erst alte Frauen in der Kirche zu singen wagen:

Ich liege, Gott, in deiner Hut
Und schlafe ganz mit Frieden.
Dem, der in deinen Armen ruht,
ist wahre Rast beschieden.

Du hast die Lider mir berührt,
ich schlafe ohne Sorgen.
Die mich in diese Nacht geführt,
die leitet mich auch morgen.

(Nach Jochen Klepper)

Tätig sein

Es versteht sich von selbst, dass vielgestaltiges Tätigsein notwendig ist, wenn die Schäden, die die zweigeteilte Weltordnung dem Ökosystem aus Himmel und Erde zugefügt hat, nur annähernd behoben werden sollen. Was einzelne, was zivilgesellschaftliche Gruppierungen, Unternehmensleitungen, Regierungen und Nichtregierungsorganisationen tun und lassen können, um an die Stelle gedankenloser Vernutzung von Luft, Boden und allem, was sie enthalten, wieder sinnvolle Nutzungsweisen zu setzen, ist zwar im einzelnen umstritten, in vielem aber bekannt. Seit der *Club of Rome* im Jahr 1972 eine erste umfassende Bestandsaufnahme der prekären ökologischen Lage an die Öffentlichkeit gebracht hat,[7] ist, was man »Umweltbewusstsein« nennt, erstaunlich schnell zum Allgemeingut geworden. Viele sind bereit, das Ihrige zur Heilung der Weltwunden beizutragen.

Die strukturellen Hemmnisse, die verhindern, dass solches Bewusstsein sich in koordiniertes Handeln verwandelt, sind allerdings massiv. Dass sie schon unzählige Male analysiert und angeprangert wurden, schafft sie nicht oder nur langsam aus der Welt. Der Glaube, man habe im einundzwanzigsten Jahrhundert, zumindest in den reicheren Teilen der Welt und anders als in früheren Zeiten, ein Recht auf ein langes gesundes Leben, ist groß und steht oft mutigen Taten im Weg. Weil man nie genau wissen kann, was eine Handlung bewirkt, weil das Nichtwissen mit dem Wissen wächst und niemand Erfolgsgarantien ausstellen kann, sind viele, bei allem guten Willen, geneigt, zynisch zu werden und sich auf die einigermaßen überschaubare Sorge ums eigene Wohlergehen zu beschränken. Weil der Mann des Westens den Erfolg seiner Handlungen unter Kontrolle haben will, neigt er zum Festhalten am vermeintlich Bewährten, wo natives Anfangen notwendig wäre. Auch in der Umweltpolitik ist es aber geboten, die Abkehr vom gewohnheitsmäßigen Herrseinwollen nicht von umfassendem Wissen darüber abhängig zu machen, wie das Natürliche beschaffen ist und wie es auf verändertes menschliches Handeln reagieren wird. Denn solches Wissen wird es niemals geben.

»This ethic takes us far from the comfortable prayer of Reinhold Niebuhr: ›God grant me the courage to change what I can, the serenity to accept what I cannot change and the wisdom to know the difference.‹ The drive of moral life is that we can never know the difference between that which we can change and that which we cannot. Our chal-

7. Dennis Meadows u.a. 1972

lenge is to move creatively in a very different sort of adventure, one whose prayer is more like this: ›What improbable task, with which unpredictable results, shall we undertake today?‹ ... we can neither undo the past nor control the future. But we can learn from the past, and we can live creatively, responsibly, and compassionately in the present.«[8]

8. Sharon D. Welch 2000, 37: »Diese Ethik entfernt uns von Reinhold Niebuhrs bequemem Gebet: ›Gott, gib mir die Kraft zu ändern, was ich ändern kann, die Gelassenheit zu akzeptieren, was ich nicht ändern kann, und die Weisheit, das eine vom anderen zu unterscheiden.‹ Was das moralische Leben antreibt, ist, dass wir nie den Unterschied kennen zwischen dem, was wir ändern, und dem, was wir nicht ändern können. Die Herausforderung heißt, sich schöpferisch auf ein ganz anderes Abenteuer einzulassen, dessen Gebet eher so heißt: ›Welche unwahrscheinliche Aufgabe mit unvorhersehbarem Ergebnis sollen wir heute anpacken?‹ ... Wir können weder die Vergangenheit ungeschehen machen noch die Zukunft kontrollieren. Aber wir können von der Vergangenheit lernen und schöpferisch, verantwortlich und voller Mitgefühl in der Gegenwart leben.« (Übersetzung: I.P.)

Zwölftes Kapitel
Ankommen, Dasein, Weitergeben, Weggehen: die Generationen

Und sie wickelte ihn in Windeln und legte ihn in eine Krippe (Lk 2,7a)

Es gibt keinen Menschen, der nicht in einer Generationenfolge stehen würde. Alle wurden geboren, am Anfang von anderen ernährt und gepflegt, alle haben von Älteren gelernt, was gut und was richtig ist.

Die Auffassungen darüber, was gut ist, gehen zwar im einzelnen auseinander. Die Räubertochter Ronja[1] lernt von ihrem Vater Mattis, dass man sich am besten ernährt, indem man andere ausraubt, von ihrer Mutter Lovis, dass man starrsinnige Väter manchmal besser ignoriert. Die Töchter derer, die von Mattis überfallen werden, lernen vermutlich, dass Räuber böse sind und man einen reichen Ehemann suchen muss.

Wohl alle Kinder glauben zunächst, was die Älteren ihnen sagen. Später fragen sie, ob es denn damit seine allgemeine Richtigkeit habe und was sie ihrerseits ihren Nachkommen weiter geben sollen. Menschliches Dasein bedeutet Ankommen, Empfangen werden, Ja und Nein Sagen, Weiter geben, Weggehen.

1. Astrid Lindgren 1982.

Die Liebe zur Mutter

Das Kindlein aber wuchs und wurde stark,
indem es mit Weisheit erfüllt wurde,
und die Gnade Gottes war auf ihm.
(Lk 2,40)

Dass ich zuallererst meiner Mutter und dann auch anderen Älteren dankbar bin für alles, was sie mir gegeben haben, ist nicht darin begründet, dass die Älteren herausragende Persönlichkeiten gewesen wären. Vielmehr liegt der Grund zum Danken in meinem Dasein. Dieses Dasein ist der untrügliche Erweis dafür, dass andere mich bis hierher begleitet haben, »recht und schlecht«, wie man manchmal sagt.

Die Liebe zu den Älteren und zu der Welt, die sie vermittelt haben, empfinden die meisten Menschen in ihrer frühen Kindheit. Dass die gefühlsmäßige Seite dieser Liebe vielen schon bald ausgetrieben wird, ändert nichts daran, dass sie der Anfang des notwendigen Bezogenheitsbewusstseins ist, und also der Anfang guten Handelns.

Die androzentrische Ordnung hat die Liebe zur Mutter aber so stark privatisiert und sentimentalisiert, dass sie vielen nur noch als peinlicher Kitsch zugänglich ist, von dem man sich möglichst vollständig abnabeln sollte. Gerade in der neuen Frauenbewegung haben Frauen gelernt, die Ablehnung der eigenen Mutter, zum Beispiel weil sie »nur Hausfrau« war, gehöre notwendig zur Emanzipation. Erst in neuester Zeit entdecken patriarchatskritische Denkerinnen die Liebe zur Mutter als eine grundlegende menschliche Gegebenheit wieder, in der, was die alte Ordnung als Geist und Körper, Gefühl und Verstand auseinander gehalten hat, in einer erneuerten Weltwahrnehmung zusammen findet.[2] Aus der anfänglichen Bezogenheit in

2. Vgl. vor allem Luisa Muraro 1993, Andrea Günter 1998, 2000.

Schwangerschaft, Geburt und frühkindlicher Abhängigkeit eine kultivierte Beziehung zu gestalten, statt, wie das Patriarchat lehrt, sie aus Angst vor Verstrickungen zu fliehen, ist notwendig, damit Freiheit sich nicht mehr zwangsläufig in Abgrenzung begründen muss, sondern neu als Freiheit in Bezogenheit in Erscheinung treten kann.

Was sich ereignet, wenn eine in klassischer philosophischer Tradition geschulte Denkerin die Liebe zur Mutter als Anfang eines erneuerten Denkens entdeckt, benennt Luisa Muraro als »eine Art Vor-Anker-Gehen am Sein«[3] und als Freude:

»Die Freude resultiert aus der Sicherheit, dass die Wirklichkeit keine Fiktion ist, dass sie nicht von uns abhängig ist, um zu sein. Sie rührt daher, dass wir auf einen Schlag der Anstrengung des Fingierens enthoben sind, das mit dem Sprechen, Hören, Gehen, Lieben, kurzum mit dem Leben verschmolzen war, und das mit dem Leben eins zu sein schien, obwohl es nicht wahr ist, dass das Leben dieses Fingieren verlangt, im Gegenteil. So ist ganz unerwartet die unvergleichliche und dankbare Freude darüber ausgebrochen, dass es schließlich ein Ausruhen über dem Sein gibt, das keine Worte braucht und auch nichts anderes, was wir ihm hinzufügen könnten.«[4]

Was die westliche Philosophie seit Parmenides verdreht hat, findet durch die Entdeckung, dass menschliches Sein nicht in einer Idee, sondern im lebendigen Leib eines anderen Menschen gründet, wieder zur angemessenen Reihenfolge:

»Wie wir wissen, sind die Philosophen von der Figur und von dem Werk der Mutter inspiriert worden. Sie drehen jedoch die Reihenfolge um und stellen das Werk der Mutter als eine Kopie (und nicht selten als eine schlechte Kopie) des eigenen Werkes dar. Darin sind sie Komplizen des Patriarchats, das den Vater als den wahren Schöpfer des Lebens darstellt.«[5]

3. Luisa Muraro 1993, 41.
4. Ebd.
5. Ebd. 28.

Mit dem Satz »Ich wurde geboren, also bin ich« beginnt die Wiederherstellung der weiblichen Genealogie und beginnt postpatriarchale Ethik.

Die Auslöschung der weiblichen Genealogie

Bis vor wenigen Jahren galt es im deutschen Sprachraum als selbstverständlich, dass Frauen erst den Namen ihres Vaters, dann den ihres Ehemannes trugen. Der mütterliche Name verschwand in der männlichen Abstammungslinie, weshalb schon manche Frau an dem Versuch gescheitert ist, eine ehemalige Freundin nach deren Heirat wieder aufzufinden. Die inzwischen aufgeweichte patriarchale Namensregelung war kein Oberflächenphänomen. Sie bildete die Herrschaft des Vaters und das Verschwinden der weiblichen Genealogie ab. Sie war ein Instrument, um Frauen systematisch voneinander zu trennen und die geistig-körperliche Herkunft aus einem anderen Menschen mit einem Tabu zu belegen.

Es ist zwar richtig, dass Väter zum Entstehen neuer Menschen beitragen, aber sie sind nicht, wie Aristoteles schrieb, »die erste Quelle der Bewegung, ... die den Begriff und die Gestalt des Stoffes in sich befasst, ... während der Stoff das Weibliche ist.«[6] Väter haben oft Anteil an der Vermittlung der Muttersprache, aber sie treten nicht, wie Sigmund Freud meinte, als Stifter von Sprache und Gesetz an die Stelle der Mutter. Und die Taufe ist nicht, wie noch heute viele Kirchenmänner überzeugt sind, ein geistliches Bollwerk gegen die sündhaft-animalische Herkunft aus Körperlichkeit und Begierde, sondern die göttliche *Bestätigung* des Geborenseins.

Die väterliche Abstammung als die eigentliche auszugeben

6. Aristoteles, Über die Zeugung der Geschöpfe, 1981, 72.

und Mütter als bloß materiellen Nährboden des männlichen Samens aus der Geschichte auszuschließen, ist eine schädliche Fiktion. Viele halten diese Verdrehung der Tatsachen mit guten Gründen für den Kern, theologisch ausgedrückt: die Ursünde des Patriarchats. Die Auslöschung der weiblichen Genealogie hat nicht nur zur Folge, dass viele Frauen noch heute als Untergebene von Vätern und Ehemännern, oft in Armut, leben müssen. Sie zwingt auch Männer und Frauen dazu, ihr Sein statt im mütterlichen Leib in fixen Ordnungen und Ideologien und ihr Handeln statt in lebendigen Traditionen in abstrakten Normen zu begründen: Mit der Herkunft aus dem Leib eines bestimmten weiblichen Menschen der vorangegangenen Generation wird Leiblichkeit als solche, wird die Körperlichkeit des Sprechens und damit der Überlieferung verleugnet, wird eine realitätsferne Grenze aufgerichtet zwischen Gesetz und Liebe, Wort und Wirklichkeit, idealem Sein und kontrollbedürftigem Dasein. Wer die folgenschwere Fiktion des unabhängigen Geistes entkräften will, muss die weibliche Genealogie wieder beleben.

Mutter und Tochter

Da sprach Naemi zu Ruth: Meine Tochter,
ich muss dir doch ein Heim suchen, damit es dir wohl ergehe.
(Rut 3,1)

Luce Irigaray schlägt als eine Maßnahme zur Förderung sozialer Gerechtigkeit vor,

»... an allen öffentlichen Stellen schöne Bilder anzubringen, die das (natürliche oder spirituelle) Paar: Mutter-Tochter darstellen ... Diese kulturelle Restauration könnte der Beginn sein, um einen individuellen und kollektiven Identitätsverlust bei den Frauen abzubauen. Sie wird sie von manchem Übel, einschließlich ihrer Verzweiflung, aber auch von ihrer Rivalität und ihrer zerstörerischen Aggressivität heilen. Sie wird ihnen helfen, vom Privaten zum Öffentlichen, von ihrer Familie zu der Gesellschaft, in der sie leben, überzugehen.«[7]

Die Bilder müssten von Worten begleitet sein: von Geschichten, Theorien, Schulbüchern, Filmen, Liedern, in denen die Beziehung der Töchter zu den Gebärerinnen, die ihrerseits Töchter von Töchtern sind, besungen und kultiviert würden. Statt an einem Tag im Jahr widerwillig ein Muttertagsgeschenk zu basteln, könnten Kinder das ganze Jahr über in der Schule lernen, sich von ihrem Getragen- und Geborensein her als Bezogene zu verstehen, die fähig sind, Bezogenheit in Freiheit weiter zu entwickeln.

Gelingendes Zusammenleben meint nicht konfliktfreies Zusammenleben, denn Liebe zur Mutter, die sich als kritiklose Muttertagsverehrung versteht, ist nichts als die ohnmächtige Kehrseite der Verachtung. Liebe zur Mutter ist die Kunst, in der weltlichen Urheberin meines Daseins ein sprech- und urteilsfähiges Gegenüber zu erkennen, von dem ich mich mit meinen Begabungen und Wünschen unterscheide, dem ich dennoch verbunden bleibe.

Das Heim, das Naemi für ihre Schwiegertochter sucht und findet, damit es ihr wohl ergehe, ist zwar ein Heim im Patriarchat: das Haus eines Ehemannes. Indem sie aber das Wohlergehen der Jüngeren in die Mitte rückt, öffnet sie eine Tür in ein nachpatriarchales, vielleicht vorpatriarchales Verständnis von Ehe und Familie. Denn nicht dass die väterliche Erbfolge und die zentrale Stellung des männlich-weiblichen Paares erhalten bleibt, ist das Anliegen der Älteren, sondern dass es der Jüngeren gut gehen möge. Nicht nur der Rut, allen Frauen wird es wohl sein in einer Gesellschaft, die die mütterliche Herkunft öffentlich in Erscheinung treten lässt: als Bild, als Geschichte, als erneuertes Denken.

7. Luce Irigaray 1989, 294.

Getrenntsein und Vollkommenheitsgier

Die androzentrische Ordnung hat nicht nur Frauen von Frauen, sondern Menschen von Menschen getrennt. Zwar stiftete auch die männliche Abstammungslogik einen gewissen Zusammenhalt zwischen den Generationen. Aber als Fiktion, die das wirkliche Herkommen unterschlägt, war sie ständig angewiesen auf die Bestätigung durch Ideologien, komplizierte Rechtskonstruktionen und immer wieder auch durch Gewalt. Dass uneheliche Kinder Jahrhunderte lang als minderwertige Angehörige der Gesellschaft galten, dass man die Vergewaltigung von Ehefrauen nicht als Gewalt, sondern als Ausübung eines Rechts begriff und gleichgeschlechtlich liebende Menschen als Ordnungsstörer ausstieß und kriminalisierte, sind Beispiele für das konkrete Leiden an der patriarchalen Geschlechter- und Generationenordnung. Heute, da die Herrschaft des Vaters gebrochen und an ihre Stelle noch keine andere Ordnung getreten ist, wird offenbar, dass Menschen ohne eine wirklichkeitsgerechte Einordnung ins Generationengefüge die Orientierung verlieren: Die Klagen über Individualismus, Vereinzelung und »Single-Gesellschaft« sind allgegenwärtig. Dass viele Menschen sich nicht mehr als Nachkommen und VorfahrInnen, sondern vor allem als Einzelwesen erfahren, die ohne erkennbaren Sinn in die Welt geworfen wurden, hat weit reichende Folgen. Wer sich nicht als Teil eines Bezugsgewebes empfindet, entwickelt leicht eine Gier, alles erdenkliche Lebbare in der eigenen begrenzten Lebenszeit unterzubringen: Erlebnisse, Bildung, Reichtum, Welterfahrung, Berühmtheit, Familienleben, Gesundheit, Genuss, Glück und mehr.[8] Viele Debatten unserer Gegenwart lassen sich aus dem Vollkommenheitsphantasma isolierter Einzelner erklären. So ist zum Beispiel der heftige Streit um steigende Gesundheitskosten, um Spitzenmedizin und ihre Rationierung, um Fitness und

8. Vgl. Andrea Günter 1998, 97-116.

Wellness nur zu verstehen von der Voraussetzung her, dass jeder und jede sich ein möglichst langes leidfreies Leben wünscht und keine größere Angst kennt als die vor Schwachheit und Tod. Auch die verbreitete Leitidee vom lebenslangen Lernen setzt voraus, dass alle von der Geburt bis zum Tod nach einem Höchstmaß an persönlicher Vervollkommnung streben. In den vergangenen Jahrzehnten ist immer wieder der Eindruck entstanden, Debatten um Spitzenmedizin und andere Menschheitsperfektionierungen bildeten den eigentlichen Kern der Ethik. Statt nach den Ursachen der verzweifelten Vollkommenheitswünsche zu fragen, haben die Fachleute des guten Lebens sie zum scheinbar unhintergehbaren Ausgangspunkt ihres Nachdenkens gemacht und dabei nicht selten diejenigen unterstützt, die aus der Unbehaustheit ihrer Mitmenschen Kapital schlugen.[9] Postpatriarchale Ethik fragt nicht danach, wie jeder und jede einzelne für sich selbst – und notfalls gegen die anderen – zu einer perfekten Biographie kommen kann, sondern erkennt im Wunsch nach persönlicher Vollkommenheit das Leiden an einer Gesellschaft, die elementare Bezogenheiten zerstört hat und deshalb nicht immer mehr Technik, immer mehr Bildung und immer mehr Güter braucht, sondern eine neue Ordnung der Beziehungen. Das bedeutet nicht, dass die Fragen etwa der Bio- und Medizinethik, die zur Zeit den Platz in der Mitte des ethischen Nachdenkens beanspruchen, unwesentlich würden. Aber sie rücken aus der Mitte an den Rand, und ihr Dreh- und Angelpunkt wird wieder ein umfassend verstandenes Heil, das auch denjenigen zugesprochen ist, die krank oder behindert bleiben, die sich nicht zu helfen wissen und die schließlich, aller medizinischen Technik zum Trotz, aus der Welt weggehen.

9. Vgl. Ina Praetorius/Eva Pelkner/Michaela Moser/Gerlinde Mauerer u.a., Für eine Weltsicht der Bezogenheit. Salzburger Erklärung zur sogenannten Bioethik, in: Michaela Moser/Ina Praetorius Hg. 2003, 152-156.

Abschied von der Sexualmoral

Was sich »Sexualmoral« nennt, hat Jahrhunderte lang einen prominenten Platz in der Mitte des ethischen Nachdenkens beansprucht. Vordergründig ging es dabei um die Frage, wie Männer, manchmal auch Frauen ihre für die Erhaltung der Gattung notwendigen, aber »sündhaften« sexuellen Begierden so beherrschen können, dass ihre Seelen möglichst rein und unbeschädigt bleiben. Im Hintergrund stand und steht stets die Frage, wie die Ehe als zentrale Institution der patriarchalen Abstammungslogik erhalten und gegen Angriffe verteidigt werden kann.

In der Rechtskonstruktion der heterosexuellen monogamen Ehe bildet sich die Zweiteilung der Welt ab und wurde Jahrhunderte lang die weibliche Genealogie systematisch vernichtet: Als Mann eine Frau zu heiraten bedeutete, sie fortan zum eigenen beweglichen Besitz zu zählen. Noch bis 1988 verloren zum Beispiel in der Schweiz Frauen mit der Heirat das Recht, einen Beruf auszuüben, den eigenen Wohnort zu wählen und ihr Vermögen selbst zu verwalten. Vergewaltigung innerhalb von Ehe und Familie war folgerichtig nicht als Verbrechen definiert, sondern als Ausübung eines Rechts. Hingegen stellten Schwangerschaftsabbrüche, Ehescheidungen, außereheliche Beziehungen, uneheliche Kinder, Konkubinate, Prostitution und gleichgeschlechtliche Beziehungen unterschiedlich gelagerte Bedrohungen der patriarchalen Geschlechter- und Generationenordnung dar und galten daher als »Sünden«, die den Stoff für unendliches Grübeln über die Bändigung böser Begierden abgaben.

Bis heute sehen viele Theologen ihre Aufgabe nicht darin, solche Verirrungen aufzuarbeiten, sondern sie, etwa durch moralische Appelle an die Ehemänner, zu verschleiern und zu mildern. Schon in der Bibel findet sich die Argumentationsfigur des Liebespatriarchalismus:

Ihr Frauen, seid untertan euren Männern wie dem Herrn! Denn der Mann ist das Haupt der Frau, wie auch Christus das Haupt der Kirche ... Ihr Männer, liebet eure Frauen, wie auch Christus die Kirche geliebt und sich für sie dahingegeben hat.
(Eph 5, 22.23.25)

Dieser klassischen Doppelmoral folgend fordert zum Beispiel Helmut Thielicke noch im Jahr 1968 Ehemänner auf, das ihnen angeblich zustehende »Letztentscheidungsrecht« nicht diktatorisch zu gebrauchen. Seiner Auffassung nach muss der Mann Formen finden, »in denen die Frau an der gemeinsamen Willensbildung beteiligt und selbst im Grenzfalle väterlicher Letztentscheidung gehört und ernstgenommen wird.«[10] Statt das Besitzverhältnis als ethischen Skandal zu erkennen und aufzulösen, statt Ehe, Familie und andere persönliche Beziehungen an allgemeinen Menschenrechtskriterien zu messen, stilisiert er den Besitz Frau zur moralischen Aufgabe für den Besitzer, indem er zum Beispiel Männer ermahnt, ihren schwachen, sprich: monogam veranlagten Ehefrauen zuliebe darauf zu verzichten, der angeblich natürlichen männlichen Neigung zur Polygamie nachzugeben:

»Wenn es für die Frau eine Verwundung bedeutet, nicht die einzige Frau ihres Mannes zu sein, so gebietet die Agape, diese Wunde nicht zuzufügen.«[11]

Es ist vor allem der feministischen Bewegung zu verdanken, dass in den vergangenen drei Jahrzehnten das Ehe- und Familienrecht in vielen Staaten nach und nach dem Grundsatz der Geschlechtergleichheit und damit menschenrechtlichen Standards angepasst wurde. Auch was die tatsächliche Praxis der körperlichen und geistigen Beziehungen zwischen den Geschlechtern angeht, haben Feministinnen in unzähligen persönlichen Kämpfen und Konflikten, durch die Einrichtung von Notrufen

10. Helmut Thielicke 1968, 673. Vgl. Ina Praetorius 1994, 127.
11. Helmut Thielicke 1968, 584. Vgl. Ina Praetorius 1994, 126.

und Zufluchtsstätten für vergewaltigte Frauen, durch Öffentlichkeitsarbeit und politische Vorstöße erreicht, dass Männer weibliche Körper, weibliche Energie und Arbeit nicht mehr selbstverständlich als ihren Besitz ansehen, den in jeder Hinsicht auszubeuten sie sich lange für berechtigt hielten. Die Anstrengungen der herkömmlichen Sexualmoral, Herrschaft durch weitschweifige sündentheologische und moralistische Raisonnements zu kaschieren, wurde im Zuge dieser Entwicklungen gründlich diskreditiert. Noch heute aber wird häufig gefordert, Ehe und Familie als Keimzelle des Staates zu bewahren. Wo immer diese Forderung laut wird, ist gründlich zu prüfen, ob es sich um Versuche handelt, das Patriarchat wiederherzustellen, oder um Aufbrüche in eine postpatriarchale Geschlechter- und Generationenordnung. Auch in der entstehenden Neuordnung leben nämlich Männer mit Frauen, Frauen mit Frauen, Männer mit Männern und Erwachsene mit Kindern verbindlich und dauerhaft in Haushalten zusammen. Auch solche zukünftigen, in Ansätzen längst gegenwärtigen nichthierarchischen Lebensformen könnten »Ehe« oder »Familie« heißen, insofern sich in solchen Namen, jenseits androzentrischer Verzerrungen, die Sehnsucht nach persönlicher Treue, sinnvollem Eingebundensein und geregelter Weitergabe von Tradition ausdrückt.

Was vom aufgeblasenen Apparat Sexualethik übrig bleibt, ist die Frage, wie gewaltlose Beziehungen möglich sind, und diese Frage ihrerseits lässt sich nicht auf körperliche Nahbeziehungen reduzieren. Die Abtrennung sogenannt sexueller von anderen zwischenmenschlichen Beziehungen ist selbst ein Resultat der androzentrischen Zweiteilung der Wirklichkeit in Geist und Körper, Öffentlichkeit und Privatheit. Weshalb sollten Begegnungen im Bett sich an anderen Maßstäben messen als Begegnungen auf der Straße, in der Schule, im Parlament oder auf dem Markt? Jede Art von zwischenmenschlicher Beziehung soll das Zusammenleben so nähren, dass ich selbst und die anderen zum Nähren und Gestalten befähigt werden.

Die Forderung nach Gleichheit für alle, nicht nur für privilegierte Menschen ist eine formale Antwort auf den Zerfall der androzentrischen Ordnung. Richtig verstanden bedeutet Gleichheit, dass Menschen, weil sie sich voneinander unterscheiden und gleichzeitig alle geboren, bedürftig und sterblich sind, in Bezug auf wesentliche, immer wieder neu auszuhandelnde gesellschaftlichen Güter nicht diskriminiert werden dürfen. Gleichheit als Maßstab ist also sinnvoll zu denken nur von der Voraussetzung her, dass Menschen verschieden sind und bleiben. Sie bedeutet nicht Gleichartigeit, wird aber immer wieder als solche missverstanden.

In der Generationenfolge kommt die Ungleichartigkeit der Menschen auf eine Art und Weise zum Ausdruck, die von keiner Kulturtechnik hintergehbar ist, weil sie auf der allen vorausliegenden Dimension der Zeitlichkeit beruht: Ältere Menschen haben mehr erfahren als jüngere, Kinder sind Weltneulinge und werden, indem sie ihre eigenen Erfahrungen sammeln, allmählich erwachsen. Die Verwechslung von Gleichheit mit Gleichartigkeit kann im Generationenverhältnis dazu führen, dass diese elementare Differenz verleugnet wird und »Eltern ... sich weigern, das Hinleiten derer, die durch Geburt neu in die Welt gekommen und daher notwendigerweise Fremdlinge sind, zu übernehmen und so die Kontinuität dieser gemeinsamen Welt zu sichern.«[12] Gleichheit im Generationenverhältnis mit Gleichartigkeit zu verwechseln kann auch zur Folge haben, dass die Eigenart eines bestimmten Lebensalters, heute vor allem die mit jungen Erwachsenen verknüpfte Dynamik, in traditionsgeprägten Milieus zuweilen noch das angeblich von selbst Weisheit verleihende hohe Alter, als Norm gesetzt wird, an der alle sich ausrichten müssen.

12. Hannah Arendt 1994, 165.

Für ein gelingendes Zusammenleben sind aber Erfahrungen ebenso wichtig wie utopische Energien, sachgerechter Realismus ebenso wie distanzierte Klugheit. Solche Fähigkeiten lassen sich zwar nicht mechanisch den Lebensaltern zuordnen, dennoch galt es in der Antike nicht ohne Grund als selbstverständlich und sinnvoll, dass ältere Menschen andere Aufgaben übernahmen und andere Tugenden pflegten als junge.

Die italienische Philosophinnengemeinschaft Diotima hat mit der Rehabilitierung des Begriffs der Autorität[13] innerhalb der Frauenbewegung viele Frauen von der Zwangsvorstellung befreit, die Abkehr von patriarchalen Machtstrukturen sei gleichbedeutend mit der Negation jeglichen Unterschieds. Autorität positiv zu bewerten und von institutionell abgesicherter Macht zu unterscheiden, befreit die schöpferischen Kräfte, die nur im Wechselspiel aus Zugehörigkeit, Sichanvertrauen und Anleiten entstehen. In die eigene Herkünftigkeit aus dem lebendigen Leib eines anderen Menschen einzuwilligen heißt auch, die Differenz zwischen den Generationen und damit verschiedene Formen und Arten von Bezogenheit und Beziehungen[14] zu schätzen als Quelle für sinnvolles Tun.

Als meine im Jahr 1899 geborene Tante im Jahr 1994 hochbetagt starb, verschwand die »Ahnengalerie«, die immer über ihrem Sofa gehangen hatte, aus unserem Haus. – Kürzlich hat meine Tochter nach dem Tod ihrer Großmutter im Jahr 2004 vorgeschlagen, wieder eine Ahnengalerie einzurichten. So begegne ich jetzt täglich dem Bild meiner verstorbenen Schwiegermutter, das unsere neue Ahnengalerie eröffnet, und bald werden wir noch mehr Bilder unserer Vorfahrinnen und Vorfahren aufstellen, damit wir uns täglich erinnern können, wo-

13. Vgl. Art. »Affidamento/Autorität« in WFTh2 sowie die dort angegebene Literatur. Vgl. auch Hannah Arendt 1994, 159-200.
14. Vgl. Andrea Günter Hg. 2004, 113-136. Vgl. auch: Barbara Heun/Ute Wannig, Maria und Elisabeth. Oder: Die FreundVerwandtschaft als neue soziale Beziehungsform, in ebd. 183-190.

her wir kommen und durch wen uns göttliche Geistkraft ins Dasein gerufen hat.

Dreizehntes Kapitel
Essen, Trinken, Wohnen, Arbeiten: Wirtinschaft

Die Fülle deiner Tenne und den Saft deiner Kelter sollst du nicht zurückbehalten.
(Ex 22,29a)

In den siebziger Jahren des vergangenen Jahrhunderts hat man mir als linker Studentin beigebracht, ich müsse nicht dankbar sein für das Essen, das auf unserem Tisch steht, für das Auto, in dem ich sitze, für die Straße, auf der das Auto fährt. Erstens, so hieß es, hätte ich für all das Geld bezahlt. Und zweitens handle es sich um Produkte einer kapitalistischen Gesellschaft, und diese Gesellschaft müsse man nicht lieben, sondern bekämpfen. Dass ich als Kind vor jeder Mahlzeit ein Tischgebet gesprochen hatte, erschien mir zu Studienzeiten lächerlich.

Obwohl meine Kritik an der kapitalistischen Wirtschaftweise nicht schwächer geworden ist, habe ich es mir inzwischen wieder angewöhnt, für die Dinge, die ich täglich gebrauche oder verbrauche, dankbar zu sein. Denn auch wenn sie möglicherweise nicht in erster Linie hergestellt wurden, um meine Bedürfnisse zu befriedigen, sondern um den Profit eines Unternehmers zu steigern, so steht doch außer Zweifel, dass lebendige Frauen und Männer ihre Lebensenergien verbraucht haben, damit ich essen, trinken und wohnen kann. Bezogenheitsbewusstsein schließt Kapitalismuskritik nicht aus, im Gegenteil: es ist die Bedingung dafür, dass meine Klage darüber, wie man das notwendige Herstellen und Verbrauchen, Tauschen und Dienen und Sichhelfenlassen organisiert hat, mehr ist als scharfsinnige Analyse: Leidenschaft.

Wirtschaft: Antwort auf Bedürftigkeit

Und alle aßen und wurden satt.
(Mk 6,42)

Kein Mensch kann leben, ohne zu essen, zu trinken, sich zu kleiden und ohne einen Ort in der Welt zu haben, an dem er vor Kälte und Hitze geschützt ist und ruhig schlafen kann. Fast alle Menschen sind von einem bestimmten Alter an fähig, durch ihr Tätigsein dazu beizutragen, dass sie selbst und andere genug zu essen und zu trinken haben, sich kleiden, wohnen, ruhen und ein sinnvolles Leben führen können. Der arbeitsteilig und in Tauschverhältnissen organisierte Umgang mit natürlichen Ressourcen, menschlichen Fähigkeiten und Bedürfnissen wird üblicherweise »Wirtschaft« oder »Ökonomie« genannt.

Auf der ersten Seite jedes modernen Lehrbuchs der Ökonomie steht deshalb, Sinn und Zweck des Wirtschaftens sei die Befriedigung menschlicher Bedürfnisse. Von Seite zwei an geht es um Knappheit, ums Geld, um Gelderwerb und Geldvermehrung, um den Markt und seine Gesetze, um ordnungspolitische Rahmenbedingungen, Nachfragekurven, Zins- und Diskontsätze, Standortfaktoren und Konkurrenzvorteile, um notwendige harte Maßnahmen, die man heute ergreifen muss, um ein Wirtschaftswachstum zu erzeugen, das in einer fernen Zukunft allen Menschen Wohlstand bescheren wird, neuerdings um *Coaching, Styling, Marketing, Consulting, Outsourcing, Grounding, Crash.*

Kirchliche Kreise bestehen oft darauf, Wirtschaft müsse »dem Menschen dienen«. Tatsächlich dient, was sich heute »Wirtschaft« nennt, dem Menschen, so wie ihn die Theologische Ethik bis in die neueste Zeit hinein verstanden hat: dem weißen erwachsenen besitzenden Mann und *seiner* Frau.[1] Wer meint, Wirtschaft solle allen Menschen dienen, muss präzisieren: Die

1. Vgl. Ina Praetorius 1994.

Weltwirtschaft hat den Auftrag, die Bedürfnisse aller sechs Milliarden Frauen und Männer zu erfüllen, die jetzt und in Zukunft in immer neuen Generationen zusammen mit unzähligen anderen Lebewesen die eine Erde bewohnen. Jedes einzelne Menschenleben, das zugrunde geht, weil man ihm Nahrung, Wohnung, Kleidung oder sinnvolles Dasein vorenthalten hat, ist ein Skandal, den wirtschaftende Menschen zu verantworten haben.

Oikonomia als Grundlage bürgerlicher Freiheiten

In der griechischen Antike wurde die *Oikonomia*[2] definiert als Lehre vom zweckmäßigen Umgang mit den Gütern, die zur Bedürfnisbefriedigung der Angehörigen eines Haushalts zur Verfügung standen. Die zentrale Frage hieß: Wie kann ein Hausherr seinen *Oikos*, d.h. seinen Großhaushalt, der »Haus- und Grundeigentum, landwirtschaftliche Produktionsbereiche, Werkstätten und auch Handelsbetriebe«[3] umfassen konnte, so führen, dass alle Beteiligten genug zum Leben haben, der Hausherr zusätzlich genug für die Ausübung seiner Freiheit, und dass der Betrieb erhalten bleibt. Der Dichter Hesiod bringt die grundlegenden Elemente der patriarchalen Ökonomie auf eine Kurzformel:

»Allererst nun ein Haus und das Weib und den pflügenden Ochsen.«[4]

Schon die antiken Lehren von der Ökonomie sagen, es handle sich bei der eigentlichen Bedürfnisbefriedigung um eine niedere Arbeit, da sie vor allem die körperliche Seite des Menschseins betreffe. Der tätige Umgang mit wirklichen Bedürfnissen gilt

2. Oikos gr. = Haus, Haushalt; Nomos gr. = Gesetz. Oikonomia = Gesetzmäßigkeit des Haushaltes.
3. Rosemarie von Schweitzer 1991, 51.
4. Hesiod zitiert in Aristoteles, Politik, erstes Buch (1981, 48).

deshalb als Sache der SklavInnen und Frauen, während der Hausherr zwar anordnet, was und wie die Untergebenen zu arbeiten haben, sein eigentliches Ziel aber in der freien Gestaltung des öffentlichen Lebens, im Philosophieren und in der Theoriebildung sieht. Für die antiken Denker des Ökonomischen war Wirtschaften ein unbestritten notwendiger, aber eng begrenzter Teil des Zusammenlebens, dessen praktische Erledigung denen oblag, die nicht zur Freiheit geboren waren. Der Handel und damit der Geldverkehr galt als *Teil* der Haushaltungskunst, denn beides blieb der Bedürfnisbefriedigung verpflichtet. In der auf losgelöste Geldvermehrung ausgerichteten Erwerbskunst, der »Chrematistik«, sah schon Aristoteles die Gefahr der Schrankenlosigkeit, die dadurch gemäßigt werden sollte, dass der Hausherr »maßvoll und sozial verantwortlich ... mit dem ihm anvertrauten Vermögen« umgeht.[5]

Auch die Bibel setzt den patriarchal organisierten Großhaushalt als zentrale Wirtschaftseinheit voraus. Da allerdings, auch und gerade im Umkreis der Jesusbewegung, nicht nur männliche Angehörige der Oberschicht angesprochen sind, ist die Vorstellung, land- und hauswirtschaftliche Tätigkeiten seien niedere Arbeit, wenig ausgeprägt. Stellenweise wird diese Idee ausdrücklich bekämpft. Und die Bibel enthält, angefangen mit der Schöpfungsgeschichte, etliche Texte, die der Angst, menschliche Bedürfnisse seien grenzenlos und alle Güter daher knapp – einer Angst, die sich inzwischen zum ökonomischen Dogma entwickelt hat –, eine Perspektive der Fülle gegenüber stellen:

Da nahm er die fünf Brote und zwei Fische, blickte zum Himmel auf, sprach das Dankgebet darüber, brach die Brote und gab sie seinen Jüngern, damit sie sie den Menschen vorlegten, und die zwei Fische teilte er unter alle. Und alle aßen und wurden satt. Und sie hoben an Brocken zwölf Körbe voll auf, und dazu auch von den Fischen. Und die die Brote gegessen hatten, waren fünftausend Frauen und Männer. *(Mk 6,41-44)*

5. Rosemarie von Schweitzer 1991, 56.

Die Geschichte von der Speisung der Fünftausend ist kein Märchen, sondern erzählt davon, dass Knappheit zuweilen eingebildet oder künstlich erzeugt ist, und dass Menschen einander Leben in Fülle schenken können, wenn sie, was sie sind, haben und können, nicht angstvoll horten und für sich allein behalten.

Markt und Geld als höhere Sphären

Warum wägt ihr Geld dar für das, was nicht nährt,
und euren Verdienst für das, was nicht sättigt?
(Jes 55,2)

Heute gilt nicht mehr die Theoriebildung und die zweckmäßige Organisation des Staates als wichtigstes Betätigungsfeld für freie Männer, sondern der Markt und der Geldverkehr. An die Stelle der aristotelischen Lehre von der tugendhaften Mäßigung der Habgier ist seit dem ausgehenden achtzehnten Jahrhundert allmählich die Vorstellung getreten, menschliche Bedürfnisse würden dann am besten befriedigt, wenn der Einzelne möglichst unbeschränkt seinen eigenen Interessen nachgehen könne, wobei, wie schon bei Aristoteles, in erster Linie der erwachsene männliche Haushaltsvorstand gemeint ist, der die Befriedigung realer Bedürfnisse an seine Untergebenen delegiert hat. Im Zuge der Entwicklung der bürgerlichen Gesellschaft und des Kapitalismus hat sich also die Zweiteilung der Welt im Bereich des Wirtschaftens selbst ausgebildet: Man unterscheidet jetzt zwischen der abhängigen Sphäre des Privathaushalts,[6] der für die notwendige reale Bedürfnisbefriedigung zuständig bleibt, und

6. Mit dem Privathaushalt sind andere an den Rand gedrängte Betriebsformen verwandt: der bäuerliche Familienbetrieb, Kneipen, Heime etc.

einer höheren Sphäre der Geldwirtschaft, die sich als der eigentlich maßgebliche Teil des Wirtschaftens etabliert und immer mehr Aufmerksamkeit auf sich zieht. Analog unterscheiden bis heute manche zwischen erster und dritter Welt und halten es für den natürlichen Lauf der Dinge, dass man in der ersten Welt darüber befindet, was in der dritten produziert werden soll.[7] Ideologien von der natürlichen Unterordnungsbereitschaft des weiblichen Geschlechts und gewisser fremder Kulturen oder sogenannter Rassen, die insbesondere im achtzehnten und neunzehnten Jahrhundert in Umlauf gesetzt wurden,[8] haben die in den Privathaushalten und in unterworfenen Weltregionen erbrachten wirtschaftlichen Leistungen in außerökonomischen, zum Beispiel religiösen oder poetischen Diskursen verschwinden lassen. Das Geld, ursprünglich ein nützliches, relativ unbedeutendes Instrument des Berufsstandes der Händler, hat sich als »Lebensmittel«[9] etabliert, auf das alle angewiesen sind, gleichzeitig als Symbol freier und potenter Männlichkeit.[10] Wovor Aristoteles sich fürchtete und was er durch seine Tugendlehre verhindern zu können meinte, ist geschehen: Der Weltmarkt, immer mehr dominiert vom Geldmarkt, auf dem vermeintlich freie[11] Männer – und aufgrund der Erfolge des egalitären Femi-

7. Zum Zusammenhang zwischen Privathaushalten und Kolonien vgl. Claudia von Werlhof u.a. Hg. 1983, Vandana Shiva 1989.
8. Vgl. Karin Hausen 1976, Silvia Bovenschen 1980, Heidemarie Bennent 1985.
9. Vgl. Antje Schrupp u.a. 2004.
10. Vgl. Luce Irigaray 1989, 121-143; Mascha Madörin, Die Ökonomie und der Rest der Welt. Überlegungen zur Problematik einer feministischen Politischen Ökonomie, in: Diskussionskreis »Frau und Wissenschaft« Hg. 1997, 78-106.
11. Vgl. Ina Praetorius 2002, 150-161. Zur Verengung des Freiheitsbegriffs in der Marktökonomie vgl. auch Peter Ulrich, Der ethisch-politisch eingebettete Markt – Programmatsiche Überlegungen zu einer Praktischen Sozialökonomie, in: Maren Jochimsen u.a. Hg. 2004, 55-81.

nismus auch einige Frauen – ihre Phantasien von Unsterblichkeit und virtueller Fruchtbarkeit ausleben, löst sich von der Befriedigung menschlicher Bedürfnisse ab und wendet sich bedrohlich gegen das Dasein und Handeln aus geschenkter Fülle. Heute sind all diejenigen Bereiche der Wirtschaft, in denen es um den Umgang mit elementaren Bedürfnissen geht, entweder aus dem ökonomischen Diskurs ausgeschlossen oder gegenüber den geldzentrierten Branchen für unbedeutend erklärt: die Hauswirtschaft, die bäuerliche Landwirtschaft, Reparieren, Vorsorgen und Pflegen. Als eigentliche Wirtschaft gilt je länger je weniger der Umgang mit tatsächlicher Bedürftigkeit, stattdessen die Wertschöpfung in immer neuen Bereichen eines künstlich erzeugten Bedarfs. Wider alle sozialen und ökologischen Notwendigkeiten ist das Konsumieren als ein Stützpfeiler des »stahlharten Gehäuse(s) des Kapitalismus«[12] zur BürgerInnenpflicht geworden,[13] während weiterhin täglich Tausende von Menschen am Hunger oder an mangelnder Hygiene sterben.

Als Organisationsprinzip der Weltwirtschaft ist die Zweiteilung der Welt tödlich.

Unvollständige Kritik

Die kapitalistische Produktionsweise war von Anfang an Gegenstand der Kritik und des Widerstands. Die im neunzehnten und zwanzigsten Jahrhundert erdachte und in unterschiedlichen Varianten praktizierte sozialistische Alternative allerdings ist gescheitert, weil sie an einem zentralen Punkt keine Alternative war: Karl Marx, Friedrich Engels und viele andere Kritiker des Kapitalismus glaubten selbst an die naturgegebene Fürsorglich-

12. Max Weber zitiert nach Ursula Baatz 2002, 91.
13. Vgl. dazu Marianne Gronemeyer 2002.

keit bestimmter Menschen und an die unbegrenzte Ausbeutbarkeit der außermenschlichen Natur.[14] Deshalb haben sie und ihre NachfolgerInnen ihr Augenmerk auf die industrielle Gelderwerbswirtschaft und deren Revolution gerichtet, ohne die Zweiteilung der Wirtschaft in »höhere« Sphären der geldvermittelten Güterproduktion und »niedere« Bereiche unmittelbarer Bedarfsdeckung angemessen zu berücksichtigen. Auch die meisten sozialreformerischen Bewegungen und traditionelle Konzepte des Sozialstaats, der sozialen Marktwirtschaft und der Wirtschaftsethik haben die Vorstellung unangetastet gelassen, die seit den antiken Haushaltslehren den Kern des ökonomischen Denkens bildet: dass der eigentliche Mensch ein gesunder Mann im sogenannt besten Alter sei, dessen Bestimmung jenseits von Bedürftigkeit im Bereich eines Freiheitsprivilegs liege, dass es daher angemessen sei, tatsächliche Bedürftigkeit – im Gegensatz zur Konsummechanik oberhalb der Armutsgrenze – mit Schwäche gleichzusetzen. Auch die meisten Sozialreformer bezweifeln nicht, dass der Umgang mit den vermeintlichen Schwächen möglichst unsichtbar und kostengünstig in gesellschaftlichen Randzonen untergebracht werden sollte, die man als privat und ökonomisch irrelevant, oft sogar als außerhalb der eigentlichen Gesellschaft liegend definiert.

Jenseits von stark und schwach

Dass alle Menschen essen, trinken, wohnen, ausscheiden, sich vor Kälte und Hitze schützen müssen, Sinn, Geborgenheit und Betätigung brauchen, als Säuglinge beginnen und als gebrechliche Alte enden, ist nicht peinlich, sondern eine Tatsache. Die Illusion, nur schwache Menschen seien von anderen abhängig,

14. Vgl. dazu z.B. Christel Neusüss 1985.

während starke »ihr eigener Herr« und frei seien, beliebige höhere Ziele zu verfolgen, konnte nur entstehen, weil bestimmte Menschen andere unterworfen und gezwungen haben, ihnen in systematisch organisierter Abhängigkeit zu dienen. Zwar gibt es Phasen im menschlichen Leben, in denen die Abhängigkeit weniger sichtbar ist als in anderen. Aber selbst Robinson Crusoe hat seine einsame Insel nur erreicht, weil viele Männer und Frauen das Schiff gebaut hatten, auf dem er in See stechen konnte, und weil es einen Romanautor gab, der für das Phantasma der männlichen Unabhängigkeit eine Symbolfigur schaffen wollte.

Die Frauenbewegung hat in den vergangenen Jahrzehnten viel zur Auflösung der Fiktion vom unabhängigen erwachsenen Mann beigetragen: Bürgerliche Ehefrauen begannen, ihre Alleinzuständigkeit für Haushalt und Kinder in Frage zu stellen, weigern sich heute zunehmend, das »Armutsrisiko Kind« noch einzugehen.[15] Arbeiterinnen durchschauten die ideologische Verbrämung weiblicher Doppelbelastung, die ihren proletarischen Ehemännern die Illusion der Teilhabe am männlichen Freiheitsprivileg erhalten sollte. Krankenschwestern, Sozialarbeiterinnen und ehrenamtlich karitativ tätige Frauen verabschiedeten sich vom Ideal aufopfernder Mütterlichkeit und forderten angemessene Löhne. Politikerinnen gaben Zeitbudgetstudien in Auftrag, um den volks- und betriebswirtschaftlichen Spareffekt der Ideologie vom weiblichen Fürsorgeinstinkt aufzudecken. Ökonominnen schließlich fordern den Einbezug aller »Maßnahmen zur Bedarfsdeckung«[16] in die wissenschaftliche Ökonomie und also eine konsequente Einlösung dessen, was in

15. Vgl. zum Ansatz einer ökonomischen Analyse des weiblichen Gebärstreiks Christiane Busch-Lüty, Nachhaltigkeit und Nachwuchs – Notwendige Blickerweiterungen einer als Lebenswissenschaft verstandenen Ökonomie, in: Maren Jochimsen u.a. Hg. 2004, 129-147.
16. Vgl. Art. »Wirtschaft« in: Der Volks-Brockhaus, Wiesbaden 1965.

jedem Wirtschaftslehrbuch auf der ersten Seite steht.[17] Die globalisierungskritischen Bewegungen verlangen Antworten auf die Frage, warum trotz der inzwischen weltweiten Umsetzung wirtschaftsliberaler Forderungen das in Aussicht gestellte Ziel allgemeinen Wohlstands immer weiter in die Ferne rückt. Und die sich häufenden Umweltkatastrophen tragen das Ihrige dazu bei, dass der eingeschlagene Weg des Ressourcenverschleißes im Dienste einer um sich selbst kreisenden Profitsteigerung in eine Legitimationskrise gerät.

Es ist offensichtlich geworden, dass menschliches Wirtschaften sich neu organisieren muss um die von den Ökonomen selbst definierte Mitte: die Befriedigung der tatsächlichen Bedürfnisse der sechs Milliarden Würdeträgerinnen und Würdeträger, die in immer neuen Generationen den einen endlichen und verletzlichen Lebensraum Erde bewohnen.

Wirtinschaft

Es gibt Orte in der Welt, an denen augenfällig wird, wie Haushalt und Markt sich sinnvoll zueinander verhalten könnten. Ich denke an ein Gasthaus in Bayern, in dem ich schon oft meine Ferien verbracht habe. Dort schaltet und waltet eine Wirtin, die keineswegs, wie manche patriarchale Hausfrau, den Umgang mit Geld für schmutzig und unweiblich hält. Als selbständige Unternehmerin will sie gewinnbringend wirtschaften, um selbst gut leben und ihren Betrieb erhalten zu können. Aber in jedem Winkel ihres Hauses ist spürbar, dass in der Mitte ihres Daseins und Tätigseins, ihres Kochens und Organisierens, ihres Schimp-

17. Vgl. Heidi Bernhard Filli u.a. 1994; Diskussionskreis »Frau und Wissenschaft« 1997; Christof Arn 2000; Angelika Krebs 2002; Maren Jochimsen 2003 u.a.m.

fens, Rechnens, Lachens und Müdeseins die Bedürfnisse derer stehen, die das Haus bewohnen: Gäste, Familienmitglieder, Angestellte, Haustiere und sie selbst.

Inspiriert vom Geist dieses Hauses nenne ich die Art, wie Menschen in der Welt zusammen leben werden, nachdem sie dem haushälterischem Tun den ihm angemessenen Platz in der Mitte zugewiesen und das Geld als praktisches Hilfsmittel an den Rand geschoben haben werden, »Wirtinschaft«.

Es ist nicht zu erwarten, dass Hochglanzmagazine, Privatsender und multinationale Konzerne dem Kapitalismus ein Ende setzen werden. Aber es ist gut zu wissen, dass es Wirtinschaft schon gibt, nicht nur in jenem bayrischen Gasthaus.[18] Jede und jeder Einzelne und jedes Gemeinwesen haben die Freiheit, eigene Formen des wirtinschaftlichen Handelns zu erfinden: Statt mit viel Bürokratie von denjenigen, die großzügig auf die knapper werdende Ressource Erwerbsarbeit verzichten, »Bedürftigkeitsnachweise« zu verlangen, könnte man mit einem leistungsunabhängigen Grundeinkommen den Mythos entkräften, Geld gebe es nur gegen Leistung und nur Geldbesitzer leisteten etwas. An vielen Orten setzen schon heute regionale Alternativwährungen die Kreativität frei, auf die eine sich wandelnde Gesellschaft dringend angewiesen ist.[19] Die Einführung eines angemessenen Lohns für Haus- und Erziehungsarbeit bei gleichzeitiger Senkung der veralteten »Familienernährereinkommen« könnte viel männliche Gewalt und weibliche Wut aus der Welt schaffen und die Bereitschaft stärken, sich mit Fantasie und Tatkraft für eine Heilung des Generationenverhältnisses einzusetzen.[20]

18. Viele weitere Beispiele für Wirtinschaft finden sich in: Maria Mies 1997.
19. Zur Theorie und Praxis alternativer Geldsysteme gibt es eine umfangreiche Debatte, die allerdings von der akademischen Ökonomie kaum zur Kenntnis genommen wird. Vgl. z.B. Margrit Kennedy 1991; Bernhard A. Lietaer 2000.
20. Vgl. Christof Arn 2000.

Wo immer jemand auf unverwechselbar schöpferische Art zum Ausdruck bringt, dass die Mitte auch persönlicher Ökonomien das gute Zusammenleben aller Menschen sein kann, da rückt die Welt der Wirtinschaft Gottes ein Stück näher.

Vierzehntes Kapitel
Handeln und Verhandeln: Politik und Gemeinwesen

Gnade und Treue begegnen einander.
Gerechtigkeit und Friede küssen sich.
(Ps 85,11)

Für Aristoteles war Politik Staatskunst und das Geschäft frei geborener besitzender Männer. Er stritt zwar mit anderen Philosophen zum Beispiel über die Frage, ob eher die adligen, die reichen oder die tugendhaften Männer zum Regieren geeignet seien.[1] Unumstritten schien aber zu sein, dass Frauen und SklavInnen zum Regiertwerden geboren sind.

Aus diesem Verständnis von Politik leitet sich die noch heute verbreitete Idee ab, politisches Handeln beginne dann, wenn einem Menschen das Recht zugestanden wird, ein formelles Amt im Staat zu übernehmen oder einen anderen Menschen in ein solches Amt zu wählen.

Seit einigen Jahrzehnten setzt sich aber fast überall in der Welt, zumindest rhetorisch, die Überzeugung durch, dass alle Menschen von einem bestimmten Alter an ohne Unterschied dazu berufen sind, die Gemeinwesen, in denen sie als gleichberechtigte Verschiedene leben, aktiv mitzugestalten. Damit gerät das seit der Antike zweigeteilte Verständnis der menschlichen Gesellschaft in (Un-)Ordnung. Denn die Voraussetzung, dass die einen den anderen durch ihre Arbeit die Musse erschaffen, die man braucht, um Reden zu halten, Gesetze zu schreiben und Kriege zu führen, ist nicht mehr gegeben. Wenn offenbar geworden ist, dass alle gleichzeitig bedürftig und frei sind, ändert sich die Qualität des Politischen.

1. Aristoteles, Politik, drittes Buch.

In der Bibel kommt der Begriff »Politik« nicht vor. Es scheint kein hebräisches oder aramäisches Wort zu geben, das sich angemessen mit diesem griechischen Begriff übersetzen ließe.[2] Dennoch wird die Bibel zu Recht von vielen als ein politisches Buch bezeichnet. Dass die AutorInnen der biblischen Texte weniger an der Staatskunst als ganz allgemein an der Kunst interessiert zu sein scheinen, das Zusammenleben verschiedener Menschen gewaltlos zu gestalten, macht die biblischen Texte interessant für ein postpatriarchal erneuertes Politikverständnis.

Eine andere Grammatik des politischen Handelns

Ein Politiker, der sagt, er habe keine Wahl,
müsste sofort zurücktreten.
Denn Politik ist Wahl.
(Marianne Gronemeyer, Laxenburg, 1.11.2004)

In den vergangenen Jahren war viel von »Politikverdrossenheit« die Rede. Verdrossenheit ist berechtigt einer Praxis gegenüber, die sich »Politik« nennt, die aber nicht einmal mehr elitäre Staatskunst ist, sondern ein medial groß aufgemachtes Gerangel um Posten, Macht und persönliche Vorteile, und die, statt einer sich von Bedürfnissen ablösenden Geldwirtschaft Grenzen zu setzen, sich als deren Steigbügelhalterin betätigt.

Der gewaltlose Umgang mit menschlicher Verschiedenheit hat allerdings schon immer mehr umfasst als Staatskunst. Es gibt deshalb längst einen erweiterten Begriff des Politischen, der sich zum Beispiel darin äußert, dass niemand auf die Idee kom-

2. Dasselbe gilt übrigens für die Begriffe »Ethik« »Moral« und »Ökonomie«.

men würde, Frauen wie Victoria Woodhull,[3] Rahel Varnhagen oder Clara Ragaz, denen zeitlebens die vollen Bürgerrechte verwehrt blieben, »unpolitisch« zu nennen. Solche Frauen gestalteten das Gemeinwesen aktiv mit, indem sie Salons gründeten, bestimmte Menschen um ihre Ess- oder Kaffeetische versammelten, Briefe, Romane oder Dramen schrieben, Veranstaltungen organisierten (an denen sie allerdings manchmal nicht selbst teilnehmen durften), Teile ihres Vermögens (sofern sie selbständig darüber verfügen konnten) für bestimmte Zwecke stifteten, Amtsträger verführten, Krankenhäuser, Schulen oder Obdachlosenheime gründeten, Kinder erzogen, Bildungsprogramme schrieben, Informationen gezielt (nicht) weiter gaben oder Reden hielten, obwohl sich das nicht schickte. Dass Frauen heute auch Stimmzettel abgeben und sich in staatliche Ämter wählen lassen dürfen, ist weder Ziel noch Anfang, sondern Fortsetzung ihres politischen Tätigseins – und das Ende einer Politik, die sich als Hausväterprivileg im Rahmen von Nationalstaaten versteht, deren Bedeutung ohnehin fraglich wird. In der Zeit des ausgehenden Patriarchats hat eine neue Art der Politik begonnen, die herkömmliche Grenzen zwischen Öffentlichkeit und Privatheit, Staat und Familie, Recht und Liebe verschiebt. Sie kommt zum Ausdruck etwa in der zunehmenden Bedeutsamkeit von Begriffen wie »Zivilgesellschaft« oder »Nichtregierungsorganisation« und den entsprechenden Tätigkeitsformen, die meist quer zur herkömmlichen Staatspolitik liegen. Die Grammatik postpatriarchaler Politik, die sich als friedliche Gestaltung des Zusammenlebens der sechs Milliarden ErdenbewohnerInnen versteht, die alle bedürftig, frei und einzigartig sind, ist noch zu schreiben. Sie schließt Staatskunst als eine von vielen möglichen Handlungsweisen ein.

3. Vgl. Antje Schrupp 2002.

Die Welt: ein Haushalt

Helmut Thielicke bezeichnete Familienhaushalte noch im Jahr 1964 als »vorpolitische Gemeinschaftsformen«,[4] weil er an die patriarchale Zweiteilung der Welt glaubte. In Haushalten lernen aber Menschen von ihrer Geburt an, sich im Zusammenleben der Verschiedenen zurechtzufinden und allmählich selbst zum Gelingen des Zusammenlebens beizutragen. Auch wenn Haushalte jahrhundertelang als natürliches Herrschaftsgebiet von Hausherren und damit als das Gegenteil von Politik galten, waren sie immer de facto Orte politischen Handelns. Wie ließe es sich sonst erklären, dass die meisten jugendlichen Frauen und Männer nicht als stumm vor sich hin vegetierende menschenähnliche Organismen, sondern als jedenfalls in Ansätzen sprech-, handlungs- und verhandlungsfähige Wesen in die Sphäre eintreten, die sich »Öffentlichkeit« nennt?

Der Haushalt ist also der Anfang der Politik, und die unendlich vielfältigen Gemeinwesen bis hin zu den Vereinten Nationen sind die Fortsetzung. In allen Gemeinwesen wird ununterbrochen verhandelt, werden Regeln aufgestellt, befolgt, übertreten und neu geschrieben, wird Macht und werden Aufgaben verteilt, werden Vergehen bestraft oder verziehen, Versprechen gegeben, Verträge ausgehandelt, damit niemand durch Gewaltanwendung zu Schaden kommt und alle nach ihren Bedürfnissen und Wünschen möglichst gut leben und sich frei ins Gemeinsame einbringen können. Dass Politik auch durch die besten Gesetze niemals abschließbar ist, wie es sich die politischen Denker des siebzehnten und achtzehnten Jahrhunderts in ihrer »Leidenschaft für reibungsloses Funktionieren«[5] wünschten, ist darin begründet, dass Menschen sich ständig wandeln und dass immer neue Generationen ins Bezugsgewebe mensch-

4. Helmut Thielicke 1964, 316. Vgl. Ina Praetorius 2002, 24.
5. Hannah Arendt 1981, 214.

licher Angelegenheiten eintreten und »in ihm ihren Neuanfang durch Tat und Wort zur Geltung bringen ...«[6] Wie die Arbeit des Hausmannes nie aufhört, so fängt auch Politik immer wieder von vorne an, zum Beispiel wenn Neuankömmlinge von den Älteren wissen wollen, warum sie so und nicht anders leben sollen und ob man es im einen oder anderen Zusammenhang vielleicht besser machen könnte. Wie das Tätigsein im Haushalt, so ist auch Politik unaufhörliche »Arbeit an der Differenz«,[7] die niemals in perfekte Verhältnisse mündet und im wesentlichen darin besteht, jeden Tag von Neuem »zu den anderen zu gehen und mit ihnen zu reden.«[8]

Politische Liebe. Erotische Politik

Selig sind, die hungern und dürsten nach der Gerechtigkeit,
Denn sie werden gesättigt werden.
(Mt 5,6)

Selig sind die Friedfertigen,
denn sie werden Kinder Gottes heißen.
(Mt 5,9)

Die Prophetinnen und Propheten Israels und Jesus von Nazaret waren nicht demokratisch gewählt. Sie traten in der Öffentlichkeit auf, weil sie hingerissen waren von dem Auftrag, ihren ZeitgenossInnen die Tora Gottes nahezubringen als Anleitung zum

6. Ebd. 183.
7. Antje Schrupp, Politik verkörpern statt Stellung beziehen. Das Beispiel feministischer Sozialistinnen im 19. Jahrhundert, in: Ina Praetorius Hg. 2005.
8. Ebd.

guten Zusammenleben. Ihre Politik bestand darin, überlieferte Weisung zu den unerwarteten und unverwechselbaren Ereignissen ihrer Gegenwart schöpferisch in Beziehung zu setzen. So erneuert zum Beispiel die Prophetin Hulda (2 Kön 22) dem König Josia gegenüber die Ankündigung, der Staat Juda werde untergehen, weil das Volk die Weisung missachtet habe. Gleichzeitig besteht sie darauf, »dass die Verantwortung des Einzelnen trotz des unabwendbaren Unheils bestehen bleibt«[9] und gibt damit einen Hinweis auf die Handlungsfähigkeit »unbeschriebene(r) Blätter«[10], wie sie zum Beispiel Prophetinnen innerhalb einer festgefügten Männergesellschaft darstellen: Selbst wenn, wie im ausgehenden Patriarchat, Althergebrachtes untergeht und damit das scheinbar Bewährte zutiefst erschüttert wird, so lautet die Botschaft Huldas, bleibt die Verantwortung einzelner Menschen bestehen, die gute Weisung des Anfangs zu neuem Leben zu erwecken.

Auch die Frauen, die sich im achtzehnten und neunzehnten Jahrhundert aufmachten, BürgerInnenrechte für alle zu fordern, waren von niemandem formell beauftragt. Sie waren aber begeistert von dem Gedanken an eine wohnliche Welt, die dem Wort von der Gottebenbildlichkeit aller Menschen insofern näher gerückt sein würde, als alle demokratisch wählen und gewählt werden könnten, um das Gemeinwesen zu nähren. Zwar gibt sich heute wieder der Lächerlichkeit preis, wer Politik mit Begeisterung oder gar Liebe und Sinnlichkeit zusammen denkt, denn man hat die Staatskunst von der Erotik sorgfältig abgetrennt, und vorerst bemühen sich auch die meisten Amtsträgerinnen darum zu beweisen, dass sie fähig sind, sich in den Sphären des Politischen zu bewegen wie einst die gediegenen Hausväter. Es ist dennoch eine Tatsache, dass sich mit der Zulassung der Frauen zur Staatskunst endlich die abgegrenzte Sphäre aufgelöst hat, in der eine untergebene Sorte Mensch da-

9. Klara Butting 2001, 160.
10. Ebd. 164.

für zu sorgen hatte, dass Liebe, Erotik, Sinnbegeisterung nicht wie zu den Zeiten der Propheten fürs Ganze des Zusammenlebens wirksam werden konnten. Damit erscheint, was Jahrhunderte lang aufs mann-weibliche Privatleben beschränkt war,[11] wieder im öffentlichen Raum und bringt alles durcheinander, so wie schon die Genossin Luxemburg alles durcheinander brachte, als sie sich weigerte, ihre Gefühle streng von der Sache des Sozialismus zu trennen,[12] und wie Jesus von Nazaret seine gezähmten Zeitgenossen verwirrte, als er die Liebe über alles setzte und auf die Frage hin, wer denn in der kommenden Welt der Größte sein werde, ein Kind in die Mitte stellte (Mt 18,1-5).

Seit vielen Jahren schon nähren mich Beziehungen, von denen ich nicht zu sagen wüsste, ob es sich um Freundschaft, Liebe oder Politik handelt: In immer neuen Gruppierungen organisieren wir, die wir uns zum Beispiel »Weiberwirtschaft«[13] oder »Gutesleben«[14] nennen, Kongresse oder Tagungen, Wochenendtreffen und Mailinglisten. Wir sind keine Partei und kein Institut, aber wir streiten und versöhnen uns, kochen füreinander, denken und schreiben zusammen Texte und bringen sie an die Öffentlichkeit, halten Reden, erzählen uns von unseren Reisen, bleiben einander auch im Konflikt verbunden und erfinden neue Formen des Zusammenlebens. Warum sollte ich nicht uns selbst, die wir durch politische Liebe miteinander verbunden sind, zutrauen, dass wir die Welt bewegen? Haben doch schon vor Tausenden von Jahren sinnbegeisterte Leute wie zum Beispiel Jesus von Nazaret und seine Freundinnen und Freunde Gerechtigkeit und Frieden neu erfunden.

11. Privat von lat. privare: berauben.
12. Christel Neusüss 1985, 339 f.
13. Vgl. Heidi Bernhard Filli u.a. 1994; Andrea Günter/Ina Praetorius/Ulrike Wagener 1998.
14. www.gutesleben.org.

Politik als postpatriarchale Haushaltskunst

Die derzeitige Staatsmechanik nennt sich zwar, zuweilen sogar mit dem Anspruch auf Ausschließlichkeit, »Politik«. Von der Zweckbestimmung des Politischen, das Zusammenleben der gleichberechtigten Verschiedenen im gemeinsamen Raum durch immer neues Verhandeln gedeihlich zu gestalten, hat sie sich aber weit entfernt. Vielleicht ist dafür ein wesentlicher Grund, dass PolitikerInnen sich – zu Recht – nicht gerne in die Rolle der unterworfenen Hausfrau drängen lassen, die zwar für Recht und Ordnung sorgen und die sogenannt Schwachen schützen soll, dafür aber vor allem Schelte und immer weniger Haushaltsgeld bekommt und obendrein immer schlanker werden soll.

Viele reale Hausfrauen reagieren derzeit auf diese Zumutung mit dem Reflex, selbst der bessere Manager werden zu wollen. Der zur symbolischen Hausfrau degradierte Staat tut es ihnen nach: Statt den symbolischen Ehemann »Marktwirtschaft« in seine Schranken zu weisen, organisieren sich die Staaten selbst marktförmig. Zukunftsweisender wäre es, den Primat des Politischen im Sinne einer weltumfassend verstandenen postpatriarchale Haushaltungskunst neu zu formulieren und zu praktizieren.

Fünfzehntes Kapitel
Spielen, Erfinden, Neues beginnen: Kunst und Wissenschaft

Mein Herz ist bereit, o Gott, mein Herz ist bereit;
Ich will singen und spielen.
Wache auf, meine Seele, wacht auf, Psalter und Harfe!
Wecken will ich das Morgenrot!
(Ps 57,8f)

Nicht nur Kinder spielen. Auch Erwachsene nähen Kleider, die mehr sind als warm, nämlich bunt und extravagant. Sie erfinden immer neue Zärtlichkeiten, malen sich die Lippen rot an und tanzen Walzer. Sie setzen Fischgene in Tomaten ein und warten gespannt, was dabei heraus kommt. Sie bauen hohe Türme und werfen sie mit großem Getöse wieder um.

Viele Tätigkeiten enthalten den Überschuss des Spielerischen als einen Aspekt, nur wenige sind nichts als Spiel: Kinder bereiten sich spielerisch aufs Erwachsensein vor; Davids Harfenspiel war Therapie für den kranken König Saul (1 Sam 16,14-23); die Olympischen Spiele kurbeln wie kaum ein anderes Ereignis die Wirtschaft der Region an, in der sie stattfinden; und die sogenannte Grundlagenforschung, die per Definition nichts anderes ist als spielerischer Umgang mit den Grenzen des Wissens, wird immer mehr in Nutzenkalküle eingebunden.

Spielen im Patriarchat

Im Jahr 2002 wurde in München ein riesiger repräsentativer Museumsbau eröffnet: die »Pinakothek der Moderne«. An den

Wänden der großzügigen Ausstellungsräume hängen viele Bilder, von denen ich annehme, dass ich sie nur deshalb nicht langweilig finde, weil ich keine Banausin sein will. Wer sich einige Stunden im Beton der Pinakothek aufgehalten hat, braucht dringend Erholung. Er findet sie in einem der vielen Cafés gleich um die Ecke: in der Türken- oder in der Amalienstraße.

Als die Stadtväter Münchens diesen beiden Straßen diese beiden Namen gaben, konnten sie nicht ahnen, welch vielsagende Bedeutung sie einmal annehmen würden: es sind in der heutigen deutschen Gesellschaft nämlich oft die TürkInnen und die Frauen, die den offiziellen Kulturbetrieb erträglich machen, indem sie ihn mit einer Atmosphäre umgeben, die womöglich die eigentliche Attraktivität der Städte ausmacht. Dass einige der Menschen, die in der Türken- oder Amalienstraße städtische Wohnlichkeit erschaffen, nahe dem Existenzminimum leben, ist möglich. Weil sie aber offensichtlich gern Leute verwöhnen und nicht nur Geld als Tauschmittel benutzen, macht es ihnen nichts aus, ermattete PinakothekbesucherInnen gastfreundlich zu empfangen, auch wenn sie den entsprechenden Anteil an den Kulturmillionen der Stadt München und des Freistaates Bayern nicht für sich bekommen.

Die Pinakothek der Moderne verhält sich zur Türken- und zur Amalienstraße wie mancher Ehemann zu seiner Frau: Er ist millionenschwere kalte Pracht, sie bekommt wenig ab, ist aber trotzdem für ein paar Euro darum besorgt, dass man sich wohl fühlt.

Viele Spielereien nimmt man heute sehr ernst und inszeniert sie als Millionenshow: es sind die Spiele, die sich Jahrhunderte oder Jahrzehnte lang als Männersache verstanden haben, der offizielle Kulturbetrieb zum Beispiel, der Fußball, die Raumfahrt oder die Börse. Auch Wissenschaft ist erklärtermaßen Spiel, insofern sie keine Not wendet, sondern Neugier befriedigt. Da aber seit der Antike das Spiel mit neuen Gedanken, Entdeckungen und Erfindungen als Privileg derer gilt, deren Alltagskram andere erledigen, glaubt heute fast jedermann, ohne wissenschaftlichen Fortschritt werde die Welt zugrunde gehen. Deshalb bekommt viel Geld, wer vorgibt, Forschung im Dienste der Zukunft zu betreiben, auch wenn durchaus fraglich bleibt, was er mit Forschung, mit Dienst und mit Zukunft meint.

Ein anderes Spiel

Auch dieses Buch ist Wissenschaft: ich spiele mit dem Gedanken, dass die Welt anders eingerichtet sein könnte, als sie es heute noch ist.

Etliche Frauen und Männer haben in den vergangenen Jahrzehnten den Sinn des Wissensspiels jenseits bindungsloser Selbstgefälligkeit und der Funktion, das Patriarchat zu retten, neu entdeckt. Meist sind sie, anders als viele ihrer WissenschaftlerkollegInnen, weder vom Pentagon noch von einem multinationalen Konzern bezahlt, sondern finanzieren ihr Spiel aus eigener Tasche, wie auch ich die Arbeit an diesem Buch. Manchmal lässt sich nicht mehr unterscheiden zwischen Kunst und Wissenschaft, wenn eine oder einer sich aufmacht herauszufinden, was die Welt wirklich zusammenhält und auch in Zukunft zusammenhalten wird. Wie auch sollte man unterscheiden können, wenn ein ernster Sinn des fröhlichen Spiels darin besteht, unsachgemäße Grenzen aufzulösen? Es ist uns bisher nur selten gelungen, im Wirtschaftsteil der Frankfurter Allgemeinen Zeitung ein Gebet oder Schweigen bei RTL oder Prophetie im Bundestag zu platzieren. Aber so weit wird es kommen. Dass man genussvoll spielen, erfinden und im Dienste der Zukunft forschen kann, auch ohne den Kochlöffel wegzuwerfen, ist jedenfalls erwiesen.

Als Experten des Spiels gelten im allgemeinen die Kinder. Sogar gestandene WissenschaftlerInnen staunen oft im Vor- oder Nachwort ihrer großen Werke darüber, was sie alles von den kleinen VirtuosInnen der Bauklötze gelernt haben. Der tägliche Umgang mit den Kindern allerdings galt im Patriarchat als vorökonomisch, vorpolitisch und vorwissenschaftlich. Wie die Mutter und die Geliebte, so wurde auch »das Kind« zur Inspirationsquelle stilisiert, während man das lange Sitzen am Rande der Spielplätze Untergebenen überließ.

Kinder sind tatsächlich Meisterinnen und Meister des Spiels, aber sie pinkeln auch in die Windeln und brauchen unendlich viel Aufmerksamkeit. Wer sie in der Retorte züchten will und gleichzeitig vor der Türe stehen lässt, wird es mit gewalttätigen Jugendlichen zu tun bekommen.

Vielleicht werden es in einer postpatriarchalen Gesellschaft wirklich die Kinder und Jugendlichen sein, die den Weg weisen. Es gibt schon Kinderuniversitäten und Jugendparlamente, in denen hoffentlich nicht nur Spiel in Profit verwandelt wird. Es gibt auch Geburtshäuser, die reale Neuankömmlinge aus wirklichen Liebesbeziehungen und wirklichen Mutterleibern würdig empfangen. Es gibt Spielgruppen, Horte, Kindergärten, Primarschulen, in denen noch immer fast nur weibliche Erziehende ihre Lebensenergie nutzen, um die Weltneulinge achtsam ins Erwachsenenleben zu begleiten. Die meisten Menschen aber, die sich mit wirklichen Kindern wirklich befassen, sind noch immer abhängig vom Geldeinkommen derer, die Retortenbabies planen und Pinakotheken bauen.

Spiel, Sinn und Ehrenamt

Im postpatriarchalen Zusammenleben wird es ein Brotberuf sein, Kinder in Empfang zu nehmen und über Jahre in die Welt der Erwachsenen zu begleiten, die dann keine Welt jenseits kindlicher Bedürftigkeit und Spielfreude mehr sein wird. Ein existenzsicherndes Grundeinkommen wird es Frauen und Männern ermöglichen, in bezogener Freiheit zu entscheiden, wie und wo sie ihre einzigartigen Fähigkeiten und Wünsche und ihren Überschuss an Neugier ins Bezugsgewebe menschlicher Angelegenheiten weben wollen. Wissenschaft, Kunst, Sport und Spiel wird sein, was es jenseits der Notwendigkeit zu essen, zu trinken und zu wohnen für alle sein soll: ein Genuss, der uns als schöpferische Abbilder des Ewigen Lebendigen täglich begleitet: ein Ehrenamt.

Im Patriarchat war es sehr wichtig, jederzeit genau angeben zu können, ob etwas Kunst sei oder Kitsch, Wissen oder bloße Meinung, Ernst oder Spiel, Pinakothek oder Amalienstraße. Heute gibt es Orte in der Welt, an denen solches Spartendenken unwesentlich geworden ist, weil es darum geht, Sinn jenseits der zweigeteilten Welt zu entdecken:

Den ersten neuzeitlichen Labyrinthplatz zum Beispiel haben Frauen zu Beginn der Neunziger Jahre des vergangenen Jahrhunderts mitten in Zürich eingerichtet, nahe dem Hauptbahnhof, auf einer Wiese im Gelände der ehemaligen Kaserne, die wenige Jahre vorher von der Schweizer Armee verlassen worden war.[1] Es ist ein öffentlicher Platz, bestehend aus steingesäumten Wegen und Blumenbeeten, in der Form des uralten, neu entdeckten Labyrinthsymbols, dessen Herkunft ungeklärt ist. Um das Labyrinth zu begehen, braucht es keine Voranmeldung, keinen Vereinsbeitritt, kein Eintrittsgeld, aber wer will, kann Samen, Setzlinge, Gartengeräte oder Komposterde mitbringen, um zur Bepflanzung beizutragen. Obwohl das Zürcher Labyrinth in einem sogenannten »sozialen Brennpunktgebiet« liegt und Tag und Nacht geöffnet ist, hat es in vierzehn Jahren noch keinen Vandalismus erlebt. Das Labyrinth ist Spazierweg, Erholungsraum, Ritual-, Gebets- und Veranstaltungsort in einem. Es haben sich Bräuche entwickelt, die dem Jahres- und dem Le-

1. Vgl. Ursula Knecht, Ein öffentlicher Frauenraum: Der Labyrinthplatz in Zürich, in: Michaela Moser/Ina Praetorius Hg. 2003, 72-83.

bensrhythmus folgen: Feste zum Lebensanfang für die Neugeborenen, ein Lichterfest zu Heiligabend und ein Feuerlabyrinth auf der Höhe des Sommers. Ein Denken des Labyrinthischen ist im Entstehen. Es siedelt sich jenseits der zweigeteilten Welt an, lädt ein, unaufhörlich die Blickrichtung zu wechseln, verbindet Ästhetik mit Wohnlichkeit und politischem Handeln, hausfrauliches Tun mit Weltgestaltung, unterscheidet nicht zwischen wichtigen und weniger wichtigen Menschen, setzt an die Stelle von Geboten und Verboten die Möglichkeit jedes und jeder Einzelnen, sich in Liebe zum Vorgegebenen dem achtsamen Gestalten des Neuen anzuschließen.

Heute gibt es Labyrinthplätze in vielen Städten und Dörfern. Als mobile oder beständige Orte des Zusammentreffens und der gegenseitigen Sinnbestätigung sind sie Zeichen einer entstehenden postpatriarchalen Kultur.

Sechzehntes Kapitel

All Morgen ist ganz frisch und neu: die Mystik des Geborenseins

Und er rief ein Kind herbei, stellte es mitten unter sie und sprach: Wahrlich, ich sage euch: wenn ihr nicht umkehrt und werdet wie die Kinder, so werdet ihr nicht ins Reich der Himmel kommen.
(Mt 18,2 f)

Lasst die Kinder zu mir kommen, wehrt es ihnen nicht; denn solchen gehört das Reich Gottes.
(Mk 10,14b)

»Der Kinderfreund«, steht in der Zürcher Bibel als Überschrift über der bekannten Geschichte, in der Jesus von Nazaret die Anfängerinnen und Anfänger des Menschlichen segnet (Mk 10,13-16). Und wo er auf die Frage hin, wer der Größte im Haushalt Gottes sei, einen menschlichen Neuling in die Mitte stellt (Mt 18,1-5), titelt die Zürcher Bibel »Rangstreit unter den Jüngern«, die Lutherbibel: »Von Kindersinn ...« und die Gute Nachricht: »Gegen die Geltungssucht«.

Es stimmt, dass Jesus den kleinen Menschen herbei ruft, nachdem seine Freunde darüber verhandelt haben, wer der Größte sei. Aber im Zentrum der Geschichte stehen nicht Rangstreit oder Geltungssucht, steht auch nicht »Kindersinn«, sondern das Kind selbst.

Ist der Mann aus Nazaret ein »Kinderfreund«, wenn er sich dagegen wehrt, die Anfängerinnen und Anfänger des Menschlichen vom Segen fernzuhalten?

Unter einem Kinderfreund stelle ich mir einen netten Onkel vor, der, obwohl er eigentlich lieber mit erwachsenen Freunden Zigarre rauchen würde, ausnahmsweise mit einem Kleinchen herumtollt. In diesem Sinne ist der Wanderprediger aus Galiläa nicht kinderfreundlich. Vielmehr ist er einer, der nicht vergessen hat, dass er selbst ein Geborener ist. Seine Nähe zu den Anfängerinnen und Anfängern beschränkt sich nicht auf die wenigen Stellen in den Evangelien, an denen ausdrücklich Kinder vorkommen. Sie äußert sich in seinem nativen Blick auf die Welt und im nativen Handeln.[1] Was laut dem Zeugnis der Evangelien die Menschen an Jesus am meisten fasziniert hat, ist seine Art, jeden Morgen neu anzufangen und jedem Menschen, auch Huren, Geldeintreibern und verhassten AusländerInnen so viel zuzutrauen, wie man normalerweise nur Kindern zutraut, von deren Zukunft man nichts wissen kann, die man deshalb zuweilen als »unbeschriebene Blätter« bezeichnet.

Dass Gott ungefähr im Jahr Null durch Geburt in die Welt eingetreten ist, haben die Kirchen in ihrer Dogmatik immer wieder bestätigt und zum offiziellen Glaubensinhalt erklärt. Dennoch findet sich in theologischen Standardwerken so gut wie kein ernst zu nehmendes Denken des Geborenseins, taucht das Stichwort »Weihnachten« in den Sachregistern theologischer Lehrbücher kaum je auf, isolieren Theologen seit Jahrhunderten die Geschehnisse um Tod und Auferstehung Jesu Christi von seiner Geburtlichkeit. Schon in den Siebziger Jahren des vergangenen Jahrhunderts hat Mary Daly ein Christentum, das

1. Vgl. Kap. 2.

göttliches Geborensein zwar verkündet, aber nicht zum Gegenstand des Denkens macht, als nekrophil bezeichnet.[2]

Die Leute allerdings lassen sich von patriarchaler Gelehrsamkeit wenig beeindrucken: Weihnachten begehen sie ebenso intensiv wie Karfreitag und Ostern, in einigen Weltgegenden sogar mit deutlich größerer Begeisterung. Sie geben damit zu erkennen, dass sie sich nicht davon abbringen lassen, das Geborensein Gottes und der Menschen zu feiern. Zwar gilt Weihnachten vielen als harmloses Fest der Sinne, das man vor allem den Kindern zuliebe – aus »Kindersinn« – begeht und über das man nicht viel nachdenken muss, versteht sich doch, wie es scheint, die Freude an Wohlgerüchen, Geschenken und Kerzen von selbst. Dennoch: die allgemeine Lust am vermeintlichen theologischen Nichts scheint sich nicht aus der Welt schaffen zu lassen. Sie wird heute zum Anlass, das, was Luce Irigaray den symbolischen Muttermord am Anfang unserer Kultur nennt,[3] ins Bewusstsein zu heben und so dem Gott-Sprechen eine neue Richtung zu geben. Die Geschichten, an die eine native Theologie anknüpfen kann, sind längst geschrieben.

Nativität angesichts scheinbar unüberwindlicher Macht

Im Januar der Jahres 2005 habe ich an öffentlichen Veranstaltungen des *World Economic Forum* (WEF) in Davos teilgenommen. Weil es um die Jahrtausendwende massive Proteste der globalisierungskritischen Bewegung gegen dieses jährliche private Treffen der reichsten und einflussreichsten Männer und

2. Mary Daly 1986, 80 und passim.
3. Luce Irigaray 1980; Vgl. auch Ina Praetorius 2000, 17-28.

Frauen dieser Welt gegeben hatte, organisiert der Schweizerische Evangelische Kirchenbund zusammen mit dem *WEF* und dem Hilfswerk »Brot für alle« seit 2002 öffentliche Podiumsveranstaltungen, die parallel zur geschlossenen Tagung stattfinden und bei denen Teilnehmerinnen und Teilnehmer des Forums – Chefs multinationaler Konzerne, VertreterInnen von Regierungen und Nichtregierungsorganisationen und prominente Kulturschaffende – über Fragen des globalen guten Zusammenlebens diskutieren. Von globalisierungskritischen Kreisen innerhalb meiner Kirche war ich beauftragt zu beurteilen, ob es sich bei diesem Versuch, die *Global Players* an einem *Open Forum* mit der kritischen Öffentlichkeit in ein Gespräch zu bringen, um bloße *PR* oder um einen ernsthaften Aufbruch handle.

Wie nie zuvor ist mir in Davos zur Frage geworden, was es bedeuten könnte, von einer weihnachtlichen Gottesbeziehung her jeden Morgen neu in die Welt einzutreten: Was würde Nativität hier bedeuten, zunächst für mich als Beobachterin des Forums, dann aber auch für die anderen Beteiligten?

Eine erste Bedeutung für mich selbst lag darin, dass ich trotz des schier unvorstellbaren Machtgefälles, das diese Gespräche zu überbrücken versuchen, und obwohl es sich vorerst weitgehend um »Scheindialoge«[4] handelt, nicht für die Abschaffung des *Open Forum* plädiert habe. Die Kirchen haben es gewagt, Begegnung und Gespräch an die Stelle von Fatalismus und Konfrontation zu setzen. Statt die Besitzer von Geldmacht als »Aliens«[5] zu dämonisieren, bitten sie sie an den Verhandlungstisch. Es gab Augenblicke, an denen die variantenreich praktizierte »Dialogverweigerung«[6] transparent wurde auf eine mögliche andere Zukunft, etwa als Robin Cornelius, der Chef des Textilunternehmens Switcher, sagte, er baue für die Kinder seiner indischen

4. Willy Spieler 2005, 196.
5. Vgl. Christoph Spehr 1999.
6. Willy Spieler 2005, 196-200.

MitarbeiterInnen Schulen und Begegnungszentren aus einem einfachen Grund: weil er, wie seine eigenen Kinder, jeden Abend mit einem guten Gewissen einschlafen wolle.[7]

Es hieße das Evangelium gering schätzen, wollte ich ausschließen, dass aus solchen Anfängen mehr werden kann.[8] Mein Wunsch, das *Open Forum* von Davos möge fortan raffinierter, mutiger und frommer werden, schließt an die Worte an, die der Hirte David zum Krieger Goliath sagte, bevor er ihn zur Strecke brachte:

David aber sprach zu dem Philister: Du kommst zu mir mit Schwert, Speer und Wurfspieß; ich aber komme zu dir mit dem Namen des lebendigen Gottes. (nach 1 Sam 17,45)

Auch David war nach dem Zeugnis der Bibel ein nativer Mensch: Er gab nicht viel auf vernünftige Prognosen entlang struktureller Wahrscheinlichkeiten, sondern vertraute auf seine jugendliche Gewandtheit und auf DEN LEBENDIGEN. Das Bekenntnis, Jesus sei der Sohn Davids gewesen, gewinnt von dieser Gemeinsamkeit her Bedeutung: Wie David ließ auch Jesus sich nicht vom Phantasma der Berechenbarkeit leiten, sondern vertraute darauf, dass das Bezugsgewebe menschlicher Angelegenheiten in jedem Augenblick Überraschungen bereit hält, weil Neugeburt jederzeit möglich ist. Diese Art Gottvertrauen haben die Machthaber nicht ertragen. Sie haben den Geborenen gekreuzigt. Er ist auferstanden.

Auch in Davos, wie überall, ist das Bezugsgewebe menschlicher Angelegenheiten komplizierter als das komplizierteste Schachbrett. Niemand kann mit Sicherheit voraussagen, dass Goliath siegen wird, auch wenn fast alles dafür spricht. Denn jeder Mensch, auch ich, auch der arroganteste Chef, ist vor nicht allzu langer Zeit als schreiendes schleimiges blutiges und hilfsbedürftiges Wesen aus einem anderen Menschen hervor gegan-

7. Ina Praetorius 2005, 186.
8. Ina Praetorius 2005, 185.

gen, so wie Jesus im Stall von Betlehem aus dem mütterlichen Leib Marias in die Welt eingetreten ist. Wir alle sind Neulinge, denn der Tag unserer Geburt liegt nur wenige Jahrzehnte zurück. Und genau deshalb, weil wir alle in Form einer Beziehung in die Freiheit entlassen wurden, sind wir auch alle fähig, am Bezugsgewebe schöpferisch weiter zu weben: unsere eigenen unverwechselbaren Fäden ins Gewebe zu schlagen, jeden Morgen neu zu nähren, was uns nährt. Auch der *Chief Executive Officer* des Pharmakonzerns, der ein Jahreseinkommen von zwanzig Millionen Schweizer Franken beansprucht und behauptet, sein Einkommen habe nichts mit Ethik zu tun, ist fähig, sein Geborensein frei in bezogenes Tun zu verwandeln.

Ich habe mir in Davos sehr gewünscht, einer dieser Männer möge öffentlich anfangen zu weinen, so wie Petrus weinte, als er seine Zugehörigkeit zum Mann aus Galiläa dreimal verleugnet hatte (Mk 14,72). Im Januar 2005 hat, trotz des Tsunami, der wenige Wochen zuvor die Küsten Südasiens überrollt hatte, meines Wissens keiner der Mächtigen geweint. Vielleicht wird es im Jahr 2006 geschehen. Vielleicht wird einer den Anfang machen. Vielleicht wird einer dem Zwang, heute gleich sein zu müssen wie gestern, widerstehen und wie der Oberzöllner Zachäus sagen:

Siehe Herr, die Hälfte meines Besitzes gebe ich den Armen, und wenn ich von jemandem etwas erpresst habe, gebe ich es vierfach zurück.
(Lk 19,8b)

Ich hoffe darauf.

Auf dem Rücken liegend in einem Andachtsraum lebe ich manchmal schon in der Welt, die von nativen Menschen bewohnt ist: von Frauen und Männern, die nicht vergessen haben, dass sie Söhne und Töchter von Töchtern und Söhnen sind, Kinder Gottes aus lebendigem Leib: Unternehmer, die weinen, und Erwerbsarbeitslose, die lachen. Eines Tages werden sie gemeinsam lachen und weinen. Man wird sie nicht verspotten und man wird sie nicht kreuzigen, sondern sie werden um einen Tisch sitzen, essen und trinken, sie werden staunen über den Himmel und die Erde und alles, was dazwischen ist, und sie werden einander von der Fülle austeilen, die sie als Geschöpfe Gottes sind und geschenkt bekommen haben. Frauen und Männer, die wie Kinder jeden Morgen die Welt neu entdecken und abends mit einem guten Gefühl einschlafen wollen. Leute die dem SINN DES GANZEN begegnet sind, dem INBEGRIFF DER BEZOGENHEIT, die sich den Tieren ebenso nahe fühlen wie ihren Mitmenschen, die toben, lieben, spielen, erfinden und vegetieren, ankommen, sich einweisen lassen, weiter geben und weggehen, sich hinlegen und aufstehen, ohne sich zu schämen.

Solche Leute hat Jesus von Nazareth in die Mitte gestellt.

Wenn ich wieder aufstehe, dann wünsche ich mir eine Gemeinschaft, in der ich zusammen mit anderen die Fähigkeit einüben kann, täglich neu geboren da zu sein und gut zu handeln. Das könnte die Kirche sein, und manchmal ist sie es schon.

Alsdann wird sich die Jungfrau am Reigen erfreuen, und jung und alt wird fröhlich sein; ich werde ihre Trauer in Freude wandeln, werde sie trösten und froh machen nach ihrem Kummer. Ich werde die Seele der Priester laben mit Fett, und mein Volk wird an meinem Segen sich sättigen, spricht Gott. (Jer 31,13 f)

Dank

Am Anfang dieses Buches stand ein internationales Symposion in Salzburg: Vom 30. August bis zum 1. September 2002 verhandelten ungefähr hundert Frauen und einige Männer aus ganz unterschiedlichen Lebenszusammenhängen über die Frage, wie sich die Welt im ausgehenden Patriarchat gestalten lässt (Michaela Moser, Ina Praetorius Hg. 2003). Ich danke Michaela Moser und Hildegard Schreckeis-Nägele, die mit mir zusammen dieses Symposion organisiert haben, für ihren Mut und die engagierte Zusammenarbeit, und allen TeilnehmerInnen für ihre Beiträge. Auch den Mitarbeiterinnen und Mitarbeitern des Heffterhofs, die uns gastlich aufnahmen, gilt mein Dank. Ohne die anfängliche Bestärkung durch dieses Symposion wäre es viel schwerer gewesen, ein Buch zu schreiben, in dem ich genau das sage, was ich meine, in genau den Worten, die ich wähle. Schon während des Symposions nämlich war es nicht mehr wichtig, irgendeinen guten Ton zu treffen. Denn ob wir wissenschaftlich oder erbaulich, theologisch, christlich, literarisch, feministisch, links oder rechts, fragmentarisch oder systematisch sprechen, wird zweitrangig, wenn es darum geht, jenseits einer vielfach in Sparten zerlegten Ordnung das gute Zusammenleben neu zu erfinden.

Auch vor und nach dem Salzburger Symposion haben mich Gespräche und Begegnungen mit vielen verschiedenen Menschen genährt: Ich danke meiner Tochter Pia und meinem Freund und Ehemann Hans Jörg Fehle für stete aufmerksame und nährende Begleitung, meiner Mutter und meinen Schwiegereltern, meiner Schwester Eva, meiner Schwägerin Marianne, meinem Schwager Martin und ihren Familien dafür, dass sie mich mein Aufgehobensein in einem Generationengefüge spüren lassen. Ich danke meinen Nachbarinnen und Nachbarn und den Kirchgemeinden in Krinau und Wattwil, den Besucherinnen und Besuchern der Oase im Fischbacherhaus und vielen

Menschen, denen ich im Bezugsgewebe menschlicher Angelegenheiten, auch im World Wide Web begegne oder begegnet bin, besonders Andrea Günter, Anne-Claire Mulder, Antje Schrupp, Arnold Benz, Beatrice Bleiker, Christof Arn, Christoph Sigrist, Daniela Horinkova, Denise Wassmann, Diana D'Intino, Diedrich Steen, Dietmar Coors, Doris Brodbeck, Doris Strahm, Doris Wickli, Doris Widmer, Dorothee Markert, Dorothea Schwarzbauer-Haupt, Elisabeth Gössmann, Elisabeth Moltmann-Wendel, Elisabeth Volkart, Erika Straubinger-Keuser, Eva Pelkner, Fidi Bogdahn, Florianne Koechlin, Frank Crüsemann, Gerd Theissen, Gottfried Lutz, Hanna Kandal, Hans Ruh, Haruko Okano, Heinz Köfer, Helen Schüngel-Straumann, Helma Mirus, Ira Stamm, Irene Löffler, Irene Meier, Jakob Tanner, Jana Opocenska, Jürg Liechti-Möri, Karin Ulrich-Eschemann, Karoline Bloderer, Katharina Oesch, Katharina Zaugg, Maren A. Jochimsen, Margret Herzog-Hitz, Margret Herzog-Ostendarp, Maria Kaiser, Maria Katharina Moser, Marianne Strub, Marina Widmer, Markus Bücheler, Niklaus Schubert, Reinhild Traitler-Espiritu, Rita Kaelin-Rota, Silvia Schroer, Susanne Englert, Susanne Schneeberger, Tabea Eymold, Thomas Gröbly, Thomas Staubli, Trudi Wiedmer, Ulrike Helmer, Ulrike Knobloch, Ulrike Wagener, Ursi Senn-Bieri, Ursula Baatz, Ursula Knecht-Kaiser, Ursula Schubert, Verena Hungerbühler, Verena Schönbächler, Willy Spieler und vielen anderen.
Dankbarkeit geht in Frömmigkeit über. Soli Deo gloria.

Wattwil, Karsamstag 2005

Literatur

Arendt, Hannah, Vita Activa oder Vom tätigen Leben (1958), München 1981

Arendt, Hannah, Zwischen Vergangenheit und Zukunft. Übungen im politischen Denken 1, München 1994

Aristoteles, Politik, übersetzt und mit erklärenden Anmerkungen versehen von Eugen Rolfes, Hamburg 1981

Aristoteles, Über die Zeugung der Geschöpfe, Paul Gohlke Hg., Paderborn 1981

Arn, Christof, HausArbeitsEthik. Strukturelle Probleme und Handlungsmöglichkeiten rund um die Haus- und Familienarbeit in sozialethischer Perspektive, Chur/Zürich 2000

Baatz, Ursula, Buddhismus, Kreuzlingen/München 2002

Balmary, Marie, La Divine Origine. Dieu n'a pas créé l'homme, Paris 1993

Barth, Karl, Der Römerbrief (1922), Zürich 1978

Bauman, Zygmunt, Postmoderne Ethik, Hamburg 1995

Bennent, Heidemarie, Galanterie und Verachtung. Eine philosophiegeschichtliche Untersuchung zur Stellung der Frau in Gesellschaft und Kultur, Frankfurt a.M./New York 1985

Benz, Arnold, Die Zukunft des Universums. Zufall, Chaos, Gott?, Düsseldorf, 4. Aufl. 2001

Bernhard Filli, Heidi u.a., Weiberwirtschaft. Frauen – Ökonomie – Ethik, Luzern 1994

Binswanger, Hans Christoph, Die Glaubensgemeinschaft der Ökonomen, München 1998

Bobbert, Monika, Patientenautonomie und Pflege. Begründung und Anwendung eines moralischen Rechts, Frankfurt/Main 2002

Bonhoeffer, Dietrich, Ethik, München 1981

Bovenschen, Silvia, Die imaginierte Weiblichkeit. Exemplarische Untersuchungen zu kulturgeschichtlichen und literarischen Präsentationsformen des Weiblichen, Frankfurt a.M., 2. Aufl. 1980

Breidenbach, Joana, Ina Zukrigl, Tanz der Kulturen. Kulturelle Identität in einer globalisierten Welt, Reinbek bei Hamburg 2000

Butting, Klara, Prophetinnen gefragt. Die Bedeutung der Prophetinnen im Kanon aus Tora und Prophetie, Knesebeck 2001

Cannon, Katie G., Black Womanist Ethics, Atlanta 1988

Chodorow, Nancy, Das Erbe der Mütter. Psychoanalyse und Soziologie der Geschlechter, München 1985

Conradi, Elisabeth, Take Care. Grundlagen einer Ethik der Achtsamkeit, Frankfurt a.M./New York 2001

Crüsemann, Frank, Maßstab: Tora. Israels Weisung für christliche Ethik, Gütersloh 2003

Daly, Mary, Gyn/Ökologie. Eine Meta-Ethik des radikalen Feminismus, München, 4. Aufl. 1986

Diotima Philosophinnengemeinschaft aus Verona, Der Mensch ist zwei. Das Denken der Geschlechterdifferenz, Wien 1989

Diotima, Jenseits der Gleichheit. Über Macht und die weiblichen Wurzeln der Autorität, Königstein/Taunus 1999

Diotima u.a., Die Welt zur Welt bringen. Politik, Geschlechterdifferenz und die Arbeit am Symbolischen, Königstein/Taunus 1999

Diskussionskreis »Frau und Wissenschaft« Hg., Ökonomie weiterdenken! Beiträge von Frauen zu einer Erweiterung von Gegenstand und Methode, Frankfurt a.M./New York 1997

Filli, Heidi Bernhard u.a., Weiberwirtschaft. Frauen – Ökonomie – Ethik, Luzern 1994

Fischer, Irmtraud, Gotteskünderinnen. Zu einer geschlechterfairen Deutung des Phänomens der Prophetie und der Prophetinnen in der Hebräischen Bibel, Stuttgart 2002

Fraser, Nancy, Axel Honneth, Umverteilung oder Anerkennung? Eine politisch-philosophische Kontroverse, Frankfurt a.M. 2003

Frettlöh, Magdalene, Für-Dank. Eine Predigt (nicht nur) zum Erntedankfest, in: Junge Kirche 3/2004, 66-68

Frey, Christofer, Theologische Ethik, Neukirchen-Vluyn 1990

Gilligan, Carol, Die andere Stimme. Lebenskonflikte und Moral der Frau, München 1984

Gössmann, Elisabeth, Archiv für philosophie- und theologiegeschichtliche Frauenforschung, München, seit 1984

Gössmann, Elisabeth, Geburtsfehler: weiblich. Lebenserinnerungen einer katholischen Theologin, München 2003

Griffin, Susan, Frau und Natur, Frankfurt a.M. 1987

Gronemeyer, Marianne, Die Macht der Bedürfnisse. Überfluss und Knappheit, Darmstadt 2002

Günter, Andrea, Politische Theorie und sexuelle Differenz. Feministische Praxis und die symbolische Ordnung der Mutter, Königstein/Taunus 1998

Günter, Andrea, Die weibliche Hoffnung der Welt. Die Bedeutung des Geborenseins und der Sinn der Geschlechterdifferenz, Gütersloh 2000
Günter, Andrea, Weltliebe. Gebürtigkeit, Geschlechterdifferenz und Metaphysik, Königstein/Ts. 2003
Günter, Andrea, Ina Praetorius, Der feministische Perspektivenwechsel im Politikverständnis, in: Neue Wege 5/1999, 144-150
Günter, Andrea, Ina Praetorius, Ulrike Wagener, Weiberwirtschaft weiterdenken. Feministische Ökonomiekritik als Arbeit am Symbolischen, Luzern 1998
Habermas, Jürgen, Moralbewusstsein und kommunikatives Handeln, Frankfurt a.M. 1983
Handbuch der christlichen Ethik, Anselm Hertz u.a. Hg., 2. Aufl., Freiburg im Breisgau 1978-1982
Harding, Sandra, Das Geschlecht des Wissens, Frankfurt a.M./New York 1994
Harrison, Beverly W., Die neue Ethik der Frauen. Kraftvolle Beziehungen statt bloßen Gehorsams, Stuttgart 1991
Hausen, Karin, Die Polarisierung der »Geschlechtscharaktere« – eine Spiegelung der Dissoziation von Erwerbs- und Familienleben, in: Werner Conze Hg., Sozialgeschichte der Familie in der Neuzeit Europas, Stuttgart 1976, 363-393
Heyward, Carter, Und sie rührte sein Kleid an. Eine feministische Theologie der Beziehung, Stuttgart 1986
Hoagland, Sarah Lucia, Die Revolution der Moral. Neue lesbisch-feministische Perspektiven, Berlin 1991
Irigaray, Luce, Speculum. Spiegel des anderen Geschlechts, Frankfurt a.M. 1980
Irigaray, Luce, Genealogie der Geschlechter, Freiburg 1989
Irigaray, Luce, Ethik der sexuellen Differenz, Frankfurt/Main 1991
Jauch, Ursula Pia, Immanuel Kant zur Geschlechterdifferenz. Aufklärerische Vorurteilskritik und bürgerliche Geschlechtsvormundschaft, Wien 1988
Jochimsen, Maren A., Careful Economics. Integrating Caring Activities and Economic Science, Boston/Dordrecht/London 2003
Jochimsen, Maren A., Stefan Kesting, Ulrike Knobloch Hg., Lebensweltökonomie, Bielefeld 2004
Jonas, Hans, Das Prinzip Verantwortung. Versuch einer Ethik für die technische Zivilisation, Frankfurt a.M., 4. Aufl. 1983

Keller, Evelyn Fox, Liebe, Macht und Erkenntnis. Männliche oder weibliche Wissenschaft?, München/Wien 1986

Kennedy, Margrit, Geld ohne Zinsen und Inflation. Ein Tauschmittel, das jedem dient, München 1991

Kohler-Weiß, Christiane, Schutz der Menschwerdung. Schwangerschaft und Schwangerschaftskonflikt als Themen evangelischer Ethik, Gütersloh 2003

Krebs, Angelika Hg., Gleichheit oder Gerechtigkeit. Texte der neuen Egalitarismuskritik, Frankfurt a.M. 2000

Krebs, Angelika, Arbeit und Liebe. Die philosophischen Grundlagen sozialer Gerechtigkeit, Frankfurt a.M. 2002

Libreria delle donne di Milano, Das Patriarchat ist zu Ende. Es ist passiert, nicht aus Zufall, Rüsselsheim 1996

Lietaer, Bernhard A., Mysterium Geld. Emotionale Bedeutung und Wirkungsweise eines Tabus, Mönchengladbach 2000

Lindgren, Astrid, Ronja Räubertochter, Hamburg 1982

Lloyd, Genevieve, Das Patriarchat der Vernunft: »männlich« und »weiblich« in der westlichen Philosophie, Bielefeld 1985

Luther, Martin, Ausgewählte Schriften, Karin Bornkamm und Gerhard Ebeling Hg., Frankfurt a.M., 2. Aufl. 1983

MacIntyre, Alasdair, Der Verlust der Tugend. Zur moralischen Krise der Gegenwart, Frankfurt/New York 1987

Markert, Dorothee, Lernen am Mehr anderer Frauen, Rüsselsheim 2002

Meadows, Dennis u.a., Die Grenzen des Wachstums. Bericht des Club of Rome zur Lage der Menschheit, Stuttgart 1992

Meier-Seethaler, Carola, Gefühl und Urteilskraft. Ein Plädoyer für die emotionale Vernunft, München 1997

Mies, Maria, Eine Kuh für Hillary. Die Subsistenzperspektive, München 1997

Mirus, Helma, Erika Wisselink Hg., Mit Mut und Phantasie. Frauen suchen ihre verlorene Geschichte, Rüsselsheim 1987

Moller-Okin, Susan, Women in Western Political Thought, Princeton 1979

Moltmann-Wendel, Elisabeth, Frau und Religion. Gotteserfahrungen im Patriarchat, Frankfurt a.M. 1983

Moltmann-Wendel, Elisabeth Hg., Die Weiblichkeit des Heiligen Geistes, Gütersloh 1995

Moltmann-Wendel, Elisabeth, Macht der Mütterlichkeit. Die Geschichte der Henriette Schrader-Breymann, Berlin 2003

Moser, Michaela, Ina Praetorius Hg., Welt gestalten im ausgehenden Patriarchat, Königstein/Taunus 2003

Müller, Hadwig, Leidenschaft. Stärke der Armen – Stärke Gottes. Theologische Überlegungen zu Erfahrungen in Brasilien, Mainz 1998

Muraro, Luisa, Die symbolische Ordnung der Mutter, Frankfurt a.M./ New York 1993

Nagl-Docekal, Herta, Herlinde Pauer-Studer Hg., Jenseits der Geschlechtermoral. Beiträge zur Feministischen Ethik, Frankfurt a.M. 1993

Neusüss, Christel, Die Kopfgeburten der Arbeiterbewegung, oder: Die Genossin Luxemburg bringt alles durcheinander, Hamburg 1985

Nussbaum, Martha C., Gerechtigkeit oder das gute Leben, Frankfurt a.M. 1999

Nussbaum, Martha C., Konstruktionen der Liebe, der Begehrens und der Fürsorge, Stuttgart 2002

Pauer-Studer, Herlinde Hg., Konstruktionen praktischer Vernunft. Philosophie im Gespräch, Frankfurt a.M. 2000.

Praetorius, Ina, Anthropologie und Frauenbild in der deutschsprachigen protestantischen Ethik seit 1949, Gütersloh, 2. Aufl. 1994

Praetorius, Ina, Skizzen zur Feministischen Ethik, Mainz 1995

Praetorius, Ina, Zum Ende des Patriarchats. Theologisch-politische Texte im Übergang, Mainz 2000

Praetorius, Ina, Die Welt: ein Haushalt. Texte zur theologisch-politischen Neuorientierung, Mainz 2002

Praetorius, Ina, Mit dem Mut und der Frömmigkeit Davids ... Bericht über das OPEN FORUM in Davos, im Auftrag und zuhanden der OEME-Kommission Bern-Stadt. Gleichzeitig: Vorschläge für eine gute Zukunft des OPEN FORUM in: Neue Wege 6/2005, 184-191

Praetorius, Ina Hg., Sich in Beziehung setzen. Zur Weltsicht der Freiheit in Bezogenheit, Königstein/Taunus 2005

Praetorius, Ina, Andrea Günter, Der feministische Paradigmenwechsel im Politikverständnis, in: Neue Wege 5/1999, 144-150

Praetorius, Ina, Hanne Köhler, Der Nerv unseres Glaubens oder die neue Bibelübersetzung in gerechter Sprache, in: Neue Wege 6/2002, 178-183

Projektgruppe Ethik im Feminismus Hg., Vom Tun und vom Lassen. Feministisches Nachdenken über Ethik und Moral, Münster 1992

Rendtorff, Trutz, Ethik 1 und 2, Stuttgart/Berlin/Köln/Mainz 1980, 1981

Rich, Arthur, Wirtschaftsethik 1 und 2, Gütersloh 1984, 1990

Roll, Susan, Towards the Origins of Christmas, Kampen 1995
Rothenbühler, Heinz, Abraham inkognito. Eine Einführung ins althebräische Denken, Rothenburg 1998
Ruddick, Sara, Mütterliches Denken. Für eine Politik der Gewaltlosigkeit, Frankfurt a.M./New York 1993
Ruether, Rosemary Radford, Unsere Wunden heilen/unsere Befreiung feiern. Rituale in der Frauenkirche, Stuttgart 1988
Schleiermacher, Friedrich, Über die Religion. Reden an die Gebildeten unter ihren Verächtern (1799), Hamburg 1958
Schroer, Silvia, Die Weisheit hat ihr Haus gebaut. Studien zur Gestalt der Sophia in den biblischen Schriften, Mainz 1996
Schrupp, Antje, Das Aufsehen erregende Leben der Victoria Woodhull, Königstein/Taunus 2002
Schrupp, Antje u.a., Sinnvolles Zusammenleben im ausgehenden Patriarchat. Argumente für ein leistungsunabhängiges Grundeinkommen und weitere Gedanken zum Thema Geld, Arbeit und Sinn, in: Neue Wege 6/2004, 166-171 (www.gutesleben.org)
Schüngel-Straumann, Helen, Ruah bewegt die Welt. Gottes schöpferische Lebenskraft in der Krisenzeit des Exils, Stuttgart 1992
Schüssler Fiorenza, Elisabeth, Zu ihrem Gedächtnis ... Eine feministisch-theologische Rekonstruktion der christlichen Ursprünge, München/Mainz 1988 (1988a)
Schüssler Fiorenza, Elisabeth, Brot statt Steine. Die Herausforderung einer feministischen Interpretation der Bibel, Fribourg 1988 (1988b)
Schweitzer, Rosemarie von, Einführung in die Wirtschaftslehre des privaten Haushalts, Stuttgart 1991
Sevenhuijsen, Selma, Citizenship and the Ethics of Care. Feminist Considerations on Justice, Morality and Politics, London/New York 1998
Spehr, Christoph, Die Aliens sind unter uns! Herrschaft und Befreiung im demokratischen Zeitalter, München 1999
Spieler, Willy, Kirche als Zudienerin des WEF?, in: Neue Wege 6/2005, 192-203
Steffensky, Fulbert, Das Haus, das die Träume verwaltet, Würzburg 1998
Stopczyk, Annegret, Sophias Leib. Entfesselung der Weisheit – ein philosophischer Aufbruch, Heidelberg 1998
Strahm, Doris, Luzia Sutter Rehmann, Ina Praetorius, »Manchmal ste-

hen wir auf ...« Gespräch über Auferstehung, in: Evangelische Theologie 3/1997, 225-241

Sutter Rehmann, Luzia, Geh, frage die Gebärerin. Feministisch-befreiungstheologische Untersuchungen zum Gebärmotiv in der Apokalyptik, Gütersloh 1995

Theissen, Gerd, Der Schatten des Galiläers. Jesus und seine Zeit in erzählender Form, Gütersloh, 17. Aufl. 2004

Thielicke, Helmut, Theologische Ethik Bd. 1, Tübingen, 3. Aufl. 1965

Thielicke, Helmut, Theologische Ethik Bd. II/1, Tübingen, 4. Aufl. 1986 (1986a)

Thielicke, Helmut, Theologische Ethik Bd. II/2, Tübingen, 3. Aufl. 1986 (1986b)

Thielicke, Helmut, Theologische Ethik Bd. 3, Tübingen 1964, 2. Aufl. 1968

Trillhaas, Wolfgang, Ethik, Berlin, 3. Aufl. 1970

Ulrich, Peter, Integrative Wirtschaftsethik. Grundlagen einer lebensdienlichen Ökonomie, Bern/Stuttgart/Wien, 2. Aufl. 1998

Ulrich-Eschemann, Karin, Vom Geborenwerden des Menschen. Theologische und philosophische Erkundungen, Münster 2000

Wagener, Ulrike, Die Ordnung des Hauses Gottes. Der Platz von Frauen in der Ethik und Ekklesiologie der Pastoralbriefe, Tübingen 1994

Wagener, Ulrike, Dorothee Markert, Antje Schrupp, Andrea Günter, Liebe zur Freiheit, Hunger nach Sinn. Flugschrift über Weiberwirtschaft und den Anfang der Politik, Rüsselsheim 1999

Weiler, Gerda, Ich verwerfe im Lande die Kriege. Das verborgene Matriarchat im Alten Testament, München 1984

Welch, Sharon D., A Feminist Ethic of Risk. Revised Edition, Minneapolis 2000

Werlhof, Claudia von, Maria Mies, Veronika Bennholdt-Thomsen Hg., Frauen, die letzte Kolonie, Reinbek bei Hamburg 1983

Wörterbuch der Feministischen Theologie, Elisabeth Gössmann ua. Hg., 1. Aufl., Gütersloh 1991 (WFTh1), 2. Aufl., Gütersloh 2002 (WFTh2)

Zaugg, Katharina, Wellness beim Putzen. Übungs- und Lesebuch, Wil 2003

Sachregister

Personenregister

Bibelstellenregister